NANCY BRADTKE & MIKE FISCHER

Ich mach' FAHRSCHULE

DIE UNGLAUBLICHSTEN STORYS
MIT KEANU, ARTUS WEICHERT, DENISE MSKI & MEHR STARS

INHALT

Vorwort	07
Die Vorfreude auf den Führerschein	10
PETRIT SHAQIRI und das SEK im FischerDorf	14
BF17 – So geht's! Mach's wie **MAX (ECHTSO)**	18
Hände hoch, jetzt kommt **SPONGEBOZZ**!	22
Der Kettenfahrschüler	26
Es kann losgehen! Deine ersten Fahrstunden	30
Der Schaltknüppel vs. **LARSODERSO**	32
Komplette Eskalation! Die erste Fahrstunde von **HEYMORITZ**	36
Nehmen Sie bitte die fünfte Ausfahrt im Kreisverkehr	38
Mach's als Menü	40
ROTPILZ und die Lichthupe	42
CHEYENNE OCHSENKNECHT parkt wie ein Mann?!	46
Nächste Abfahrt, Rastplatz!	50
Das Parkhaus-Labyrinth mit **ARTUS WEICHERT**	54
LUKAS WHITE und die Regenfahrt	58
Du schnallst die Vorfahrt nicht, mein lieber **KEANU**!	62
KATJA KRASAVICE, das Fantreffen und wir	64
Die teuerste Fahrstunde! Rumms – Totalschaden	68
Einmal waschen, bitte! Mit **TYPISCH KASSII**	72
HARAKIRI auf der Ladefläche	76
Theorieprüfung ist doch easy!	80
Wenn Tim A sagt, muss er auch B können mit Tempomat auf der Autobahn	84
Softeis mit Ketchup	86
Technik, die auch den Prüfer begeistert!	90
Die Kreis-, äääh, Umlufttaste	92
KIDD rappt sich durch die Fahrstunde	96
Der nasse Fahrersitz und andere absurde Momente aus dem FischerDorf	100

Die Deppen vom Jagdbergtunnel	108
Wenn das Handy in der Prüfung klingelt – ups, Manuel	112
FREUNDSHIP und die etwas andere Fahne	114
Die Fahrprüfung im Wandel	116
Achtung, Vollbremsung, **VINNY PIANO**!	120
Fahrverbot mit Sommerreifen	122
Die falsche Prüfungsstrecke mit **VISCABARCA**	126
Die verflixte Ampel – bremsen oder fahren?	130
Wenn eineiige Zwillinge gleichzeitig die Fahrausbildung ablegen	134
JASI und das Rückwärtseinparken	136
Heizung »auf Afrika«	140
Der tote Winkel ist längst nicht tot, **ALTANA**	142
Fahrschulersatzwagen ohne Pedalerie – Himmelfahrtskommando	144
Würdest du heute noch die Prüfung bestehen?	146
Die Fahrlehrer machen's noch mal	150
Wenn's im Kreisel kracht mit **DENISE MSKI**	152
JELLINAs Aufregung einfach weggeschnipst	156
Mach dich nicht kleiner als du bist mit **NATHALIE_BW**	160
Die Grundfahraufgaben	164
Endlich Independent! Die Fahrprüfung	166
Die Geschichte vom FischerDorf	170
Kennst du **SHIRIN DAVID** & **SIMON DESUE**?	176
Und dann kam Nancy	182
Danksagung	186
Das Fahrschul-Universum	Glossar	190

VORWORT

Seien wir mal ehrlich: Es gibt vermutlich wenig, was die meisten derart mit Freiheit und Unabhängigkeit verbinden, wie den Führerschein. Klein und schmal wie eine EC-Karte, fristet er einen Großteil seines Daseins unauffällig zwischen Personal- und Mitgliedsausweis eines Fitnessstudios in den hinteren Fächern eines jeden Portemonnaies.

Vielleicht wird er alle paar Jahre mal hervorgeholt und wegen des in die Jahre gekommenen Fotos zur Belustigung herumgezeigt. Oder aber er wird bei der allgemeinen Fahrzeugkontrolle mit zittrigen Fingern durch die heruntergelassene Fensterscheibe den Polizeibeamten überreicht, die ihn mit kritischem Blick von allen Seiten auf Herz und Nieren prüfen.

Aber so schnell wie der Führerschein gerät auch in Vergessenheit, was er eigentlich ist. Nämlich ein Ticket in die ganze Welt. Einmal in der Tasche, kann man mit ihm in ein Fahrzeug steigen und selbst entscheiden, wo es hingeht: Fährt man zwei Straßenecken weiter schon wieder rechts ran und besucht nur schnell seine Großeltern – oder geht es doch gleich in die Ferne?

Nur: Diese an den Führerschein geknüpfte Freiheit ist nicht umsonst. Im eigentlichen wie im übertragenen Sinne. Bevor einem das kleine Kärtchen das Tor zur Welt öffnet, muss man unter Beweis stellen, dass man befähigt ist, ein Fahrzeug nicht nur zu fahren, sondern sich darüber hinaus auch im Straßenverkehr zu verhalten weiß – in der Theorie genauso wie in der Praxis.

Wo könnte all das besser gezeigt werden als bei der Fahrprüfung? Eben. Und um die Fahrprüfung ranken sich unzählige Mythen und Ängste.

Gerade noch träumt man sich hinter dem Steuer in die baldige Unabhängigkeit, da überfährt man schon ein Stoppschild oder eine rote Ampel und wird vom Fahrprüfer gebeten, rechts ranzufahren und auf der Rückbank Platz zu nehmen.

Wir hier im FischerDorf wissen natürlich von all diesen Sorgen und Befürchtungen. Schließlich absolvieren mehr als 1000 Fahrschüler*innen jährlich bei uns die Fahrerlaubnisprüfung – und kommen dafür aus München, Berlin, Hamburg, Frankfurt, eben aus ganz Deutschland nach Gera.

Wie das geht? Nun, das FischerDorf ist, wie der Name schon sagt, wirklich ein Dorf, in dem es weit mehr gibt als die Fahrschule. Das FischerDorf ist auch noch Internat und Schulungszentrum und hat sogar ein eigenes Restaurant. Und unsere 25 FischerDorf-Mitarbeiter*innen sind Fahrlehrer*innen, Kundenbetreuer*innen, Social-Media-Manager*innen, IT-Techniker*innen, Hausmeister*innen, Zahlenfeen und -kobolde, Frühstücksengel – und ab und an auch mal Ersatzmama und Ersatzpapa.

Denn die Führerscheinausbildung im FischerDorf läuft ein bisschen anders ab als in einer klassischen Fahrschule, der man über mehrere Monate einen Besuch abstattet. Das FischerDorf ist eine Intensivfahrschule. Das heißt, unsere Schüler*innen übernachten, essen und lernen in unserem Fahrschulinternat und schaffen, wenn sie denn lernen, den Führerschein in sieben Tagen. Wie es überhaupt zu dieser Idee kam, erklären wir euch ab Seite 170.

Und noch eine Sache unterscheidet uns von anderen Fahrschulen. Wir wissen nicht, wie es in eurer Stadt zugeht, wenn ein Fahrschulwagen der örtlichen Fahrschule vorfährt. Aber hier bei uns in Gera gibt es ständig Kreischalarm.

Bekannt geworden ist das FischerDorf nämlich unter anderem, weil der eine oder andere YouTube-Star schon seine Fahrprüfung bei uns abgelegt hat. Darunter Simon Desue, Shirin David, HeyMoritz, Nika Sofie, Sonny Loops, Katja Krasavice – um mal ein paar zu nennen.

Wenn wir in unserem Buch jetzt von YouTubern, Influencern, Fahrschülern und so weiter sprechen, schließt das natürlich immer alle Geschlechter mit ein, man kann es so nur etwas besser lesen.

Warum sich unter unseren Fahrschülern so viele YouTuber und Influencer aus ganz Deutschland befinden? Schwer zu sagen. Vielleicht liegt es daran, dass wir das Thema Führerschein schnell, unkompliziert und mit viel Zeitersparnis umsetzen.

Die Fahrschulstorys der Influencer sind der Hauptinhalt dieses Buches. Für uns ist es auch ein Dankeschön für die gemeinsame Zeit, in der jeder vom anderen gelernt hat.

Aber egal, ob Internetpersönlichkeit mit mehreren Millionen Followern oder nicht: Hinterm Lenkrad sind alle gleich. Die Ängste und Sorgen im Hinblick auf die erste und vielleicht auch die darauffolgenden Fahrstunden und die abschließenden Theorie- und Praxisprüfungen sind ganz ähnlich – genauso wie die Dinge, die davor, dabei und danach schieflaufen, im Übrigen auch.

In diesem Buch wollen wir ein paar dieser Geschichten erzählen – natürlich immer mit dem nötigen Respekt und der Achtung vor unseren Schülern.

Mit dem nötigen Augenzwinkern wollen wir allen angehenden Fahrschülern einen Leitfaden an die Hand geben, mit dem sich die auftretenden Probleme während der theoretischen und praktischen Fahrausbildung lösen lassen und der allen eventuellen Ängsten und Sorgen entgegenwirkt.

Mit diesem Buch kann jeder etwas lernen. Es ist geschrieben und gemacht für zukünftige Fahrschüler, damit sie schnell, ohne zusätzlichen Ärger und mit viel Freude ihre Ausbildung schaffen. Das Buch gibt hilfreiche Tipps und Hinweise, die den mühsamen Weg von der ersten Fahrstunde bis zur erfolgreichen Prüfung in einen entspannten und stressfreien Spaziergang verwandeln.

Selbstverständlich ist dieses Buch aber nicht nur für angehende Fahrschüler geeignet. Auch alle, die den Lappen schon ein paar Jahre in der Tasche haben, werden sicher Freude an der Lektüre haben und vielleicht sogar noch etwas dazulernen oder längst vergessenes Wissen auffrischen. Dabei hilft mit Sicherheit auch das Glossar, das ihr ab Seite 190 findet.

Man lernt nie aus – und wie sagen wir hier im FischerDorf so gerne? Man bleibt ein Fahrschüler – ein Leben lang.

Viel Spaß!
Nancy Bradtke & Mike Fischer

— KAPITEL 01 —

Die Vorfreude
AUF DEN FÜHRERSCHEIN

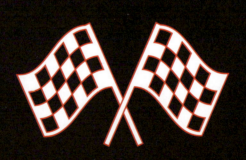

MUSTER-FORMULAR ZUM AUSFÜLLEN

Der Andrang auf das FischerDorf ist riesig und wir können längst nicht so viele Fahrschüler aufnehmen, wie wir Woche für Woche Anfragen haben. Dabei kommt es übrigens nicht selten vor, dass sich jemand schon ein Jahr im Voraus anmeldet. Manche sind so aufgeregt und voller Freude, zu uns zu kommen, dass wir Nachrichten wie diese erhalten:

HAST DU ALLES DABEI? DEINE CHECKLISTE FÜR DEN FÜHRERSCHEIN

Führerscheinausbildung heißt nicht nur lernen, pauken und fahren, sondern auch, dass man eine ganze Reihe Papiere und Dokumente organisieren muss – die lästige Bürokratie macht auch vor der Fahrausbildung nicht halt.

In den Bundesländern, aber auch in Städten und Gemeinden wird das Antragstellen oft unterschiedlich gehandhabt. So können beispielsweise das Einwohnermeldeamt, das Straßenverkehrsamt oder auch die Kreisbehörde dafür zuständig sein. Am besten fragst du in deiner Fahrschule nach. Manchmal übernimmt auch die Fahrschule selbst die Antragstellung, dann sind jeweils Kopien einzureichen.

Ein paar Sachen sind aber unabdingbar. Daher haben wir an dieser Stelle eine kleine Checkliste mit den notwendigen Dokumenten für die Fahrerlaubnisbehörde vorbereitet:

- ○ Ein gültiger Personalausweis oder Reisepass
- ○ Ein biometrisches Lichtbild
- ○ Führerscheinantrag (erhältst du von deiner Fahrschule)
- ○ Eine Bestätigung über die erfolgreiche Teilnahme an einem Erste-Hilfe-Kurs
- ○ Eine Sehtest-Bescheinigung

BF17 – UNTERLAGEN

Für den BF17-Führerschein müssen zusätzlich folgende Unterlagen eingereicht werden:
» Kopie des Personalausweises der Begleitperson
» Kopie des Führerscheins der Begleitperson
» Antrag »Begleitetes Fahren ab 17 Jahre«
» Anlage »Begleitetes Fahren ab 17 Jahre«

— KAPITEL 02 —

Petrit Shaqiri
UND DAS SEK IM FISCHERDORF

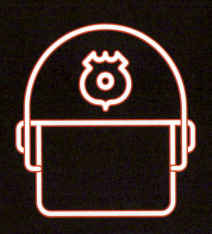

Wenn es endlich so weit ist, ziehen die Fahrschüler für den Zeitraum ihrer Fahrausbildung nicht nur bei uns im FischerDorf ein. Sie werden sogar Geraer Bürger. Denn den Führerschein darf man nur dort machen, wo man seinen ersten Wohnsitz hat.

In der Regel reisen die Schüler Montagmittag an und beziehen ihre Zimmer. Anschließend geht es zum Einwohnermeldeamt, wo die Ummeldung stattfindet. Nach der bestandenen Prüfung fährt man nach Hause und meldet sich wieder um – im besten Fall zumindest. Es gibt nämlich auch Fahrschüler, deren Freude über die bestandene Prüfung und die neu gewonnene Freiheit derart groß ist, dass sie gar nicht mehr an den Papierkram denken.

»*Mike, im FischerDorf gibt es eine Bombendrohung!*«

Genau so kam auch die folgende Geschichte zustande. Um halb drei in der Nacht klingelte Mikes Handy und ließ ihn aus dem Bett hochfahren. Nancy war am anderen Ende der Leitung – und alles andere als schlaftrunken.

»Mike, im FischerDorf gibt es eine Bombendrohung!«

»Bitte was?!«

»Hier sind gerade 30 SEK-Beamte, drei Hundeführer und jede Menge Polizei!«

»Ja, und was wollen die?«

»Die suchen nach Petrit, der hat eine Bombendrohung bekommen.«

»Aber Petrit ist doch längst fertig mit seiner Prüfung!«

In dem Moment, in dem ich diesen Satz aussprach, wurde mir schlagartig klar, was das Problem war. Petrit hatte vor einem halben Jahr seinen Führerschein bei uns gemacht, danach aber vergessen, sich wieder umzumelden – und offensichtlich hatte er mittlerweile einen Stalker.

Als die Polizei von der Bombendrohung erfuhr, wurden die Einsatzkräfte natürlich zu der Adresse geschickt, unter der Petrit zuletzt gemeldet war, obwohl er zu dem Zeitpunkt längst wieder in Berlin wohnte.

Das Missverständnis konnte rasch aufgeklärt werden. Aber die Beamten waren dennoch dazu verpflichtet, das ganze FischerDorf von oben bis unten auf gefährliche Gegenstände zu untersuchen.

Um vier Uhr war der Spuk schließlich vorbei – und Petrit hat sich mittlerweile auch wieder umgemeldet.

BOMBENALARM FÜR PETRIT

— KAPITEL 03 —

BF17 – So geht's!
MACH'S WIE MAX (ECHTSO)

FÜHRERSCHEIN IN 7 TAGEN MIT MAX (ECHTSO)

Den Führerschein gerade in den Händen, sind Jugendliche besonders häufig in Unfälle verwickelt. Denn um sicher fahren zu können, benötigen Autofahrer neben einer fundierten Fahrausbildung vor allem eins: Erfahrung.

Mit zunehmender Fahrerfahrung verringert sich dein Unfallrisiko deutlich – daher haben ehemalige BF17-Teilnehmende ein um rund 20 Prozent geringeres Unfallrisiko als diejenigen, die auf das begleitete Fahren verzichten.

Das begleitete Fahren funktioniert ganz einfach: Wollen Jugendliche »begleitet fahren«, können sie sich schon mit 16 ½ Jahren in der Fahrschule anmelden. Dort machen sie – analog zum Führerschein mit 18 – dieselbe Fahrausbildung.

Nach bestandener theoretischer und praktischer Prüfung bekommen BF17-Teilnehmer nach ihrem 17. Geburtstag die sogenannte »Prüfungsbescheinigung«. Zusammen mit einem Ausweis gilt sie als Fahrerlaubnis im begleiteten Fahren.

Auch Max (Echtso) ist Fan von BF17. Er reiste mit Freundin Chrissi an, die auch ihren eigenen YouTube-Kanal hat. Wobei ... eigentlich trifft man ohnehin die ganze Familie von Max auf dem Echtso-Kanal. Sehr sympathisch!

Noch bevor Max bei uns zur Führerscheinausbildung auftauchte, hatten wir auf dem Familien-Videokanal gesehen, wie Max mit Mama und Papa fleißig auf dem Übungsplatz seine Runden drehte. Frei nach dem Motto: Talent ist gut, aber Übung macht eben immer noch den Meister.

Von der ersten Fahrstunde an waren schalten, kuppeln, blinken und der richtige Blick im Verkehrsraum für Max kein Problem. Die theoretische und praktische Prüfung legte er fehlerfrei und ohne Makel ab.

Seine ersten Fahrerfahrungen ohne Fahrlehrer zeigt er in seinem Video »ANGST – Erstes Mal ALLEINE im Touran fahren mit MOM«. So eine Mama hätte vermutlich jeder gern.

APROPOS BF17: WER SEINEN FÜHRERSCHEIN SCHON MIT 17 MACHEN MÖCHTE, DARF BIS ZU SEINEM 18. LEBENSJAHR NUR MIT EINER BEGLEITPERSON FAHREN.

Welche Voraussetzungen muss die Begleitperson erfüllen?

Die Begleitperson muss mindestens 30 Jahre alt sein, darf maximal einen Punkt in Flensburg haben und muss seit fünf Jahren durchgehend einen Pkw-Führerschein in Besitz haben.

Wo darf die Begleitperson sitzen?

Die Begleitperson muss nicht zwingend auf dem Beifahrersitz sitzen. Wichtig ist nur, dass sie im Fahrzeug anwesend ist.

Ist die Anzahl der Begleitpersonen begrenzt?

Nein. Je mehr Personen eingetragen sind, umso mehr Fahrerfahrung kann gesammelt werden.

Gibt es für die Begleitperson eine Alkoholgrenze?

Ja, für die Begleitung gilt die 0,5-Promille-Grenze. Zudem darf die Begleitperson nicht unter Einfluss von Drogen etc. stehen.

Mama hat einen Monat Fahrverbot. Darf sie in dieser Zeit ihre Tochter begleiten?

Ja, das Fahrverbot hat keine Auswirkung auf den Status des Begleiters, da er Inhaber einer gültigen Fahrerlaubnis und nicht selbst Führer des Fahrzeuges ist.

— KAPITEL 04 —

Hände hoch, JETZT KOMMT SPONGEBOZZ!

SPONGEBOZZ AM STEUER

Tatsächlich war es nicht das erste Mal, dass die Polizei im FischerDorf vorbeischaute. Ein anderes Mal war der Rapper SpongeBOZZ schuld am Besuch der Beamten. Für alle, denen SpongeBOZZ nicht gleich etwas sagt, sei an dieser Stelle noch mal kurz erklärt, wer sich hinter diesem Namen verbirgt. Der Rapper Sun Diego trat eine Weile mit einem Kostüm auf, das nicht nur zufällig dem sprechenden Schwamm aus der Zeichentrick-Serie »SpongeBob Schwammkopf« ähnelte. Das, was SpongeBOZZ in seinen Songs so von sich gibt, ist dabei aber alles andere als kindgerecht. Denn SpongeBOZZ ist ein echter Gangsta-Rapper. Genau wie sein Kollege Patrick Bang, der zur gleichen Zeit wie SpongeBOZZ seinen Führerschein bei uns machte.

Um ihrem Image gerecht zu werden, wollten wir mit den beiden Rappern eine witzige Szene drehen, in der sie ihren Fahrlehrer auf dem Beifahrersitz fesselten (sie nannten es im Video »anschnallen«) und ihm so klarmachten, wie die Grundregeln der ersten Fahrstunde in ihren Augen lauteten.

»So ihr Schwanzlutscher, jetzt ein paar Grundregeln vor dem Anfahren. Licht: passt. Warnblinklicht: passt. Gang: drinne. Gas: passt. Knarre im Handschuhfach: passt. Fahrlehrer angeschnallt: passt. So die Fahrt kann losgehen, ihr Schwanzlutscher«, erklärte SpongeBOZZ und filmte dabei auch die besagte Knarre im Handschuhfach.

Einige Wochen später bekamen wir im FischerDorf Besuch von mehreren Polizeibeamten, die aufgrund der im Video gezeigten Waffe auch gleich einen Durchsuchungsbefehl dabeihatten.

Wir erklärten natürlich umgehend, dass es sich bei der Knarre um eine Requisite gehandelt habe, die nur beim Dreh für das Video zum Einsatz gekommen war. Eine Erklärung, die die Beamten nicht so recht glauben wollten. Tatsächlich mussten wir erst den Kaufnachweis vorlegen, ehe die Polizisten samt Hundestaffel wieder abrückten.

Aus heutiger Sicht hätten wir vermutlich etwas mehr auf unsere Vorbildfunktion achten sollen – aber es war trotzdem eine aufregende Erfahrung.

Eine Knarre gehört natürlich nicht ins Handschuhfach. Ein paar andere Gegenstände musst du laut Straßenverkehrsrecht hingegen mitführen – was das ist, verrät dir die Infobox rechts.

Hast Du es gewusst? Autoentwickler sind manchmal auch Scherzbolde: Sie haben eine Schwäche für Suchspiele. Zu den bekanntesten versteckten Gags der Autoentwickler zählt der "Hai" im Handschuhfach des Opel Corsa – trotzdem wird der Meeresräuber den meisten Fahrern des Kleinwagens wohl bislang verborgen geblieben sein.

MUSST DU DABEIHABEN

» Führerschein
» Fahrzeugschein
» Warndreieck
» Verbandskasten
» Warnweste

FOLGENDE DINGE KÖNNEN NÜTZLICH SEIN

» Abschleppseil/-stange
» Pannenzubehör
» Ersatzrad
» Brett zum Unterlegen
» Motoröl
» Werkzeug (Radkreuz & Wagenheber)
» Handschuhe
» Starthilfeset

AUßERDEM KÖNNTE DIR DAS HELFEN

» Decke
» Eiskratzer
» Feuerlöscher
» Papier & Stift
» Parkscheibe
» Schwamm/Lappen
» Sonnenbrille
» Spanngurte
» Taschenlampe
» USB-Ladekabel
» Wasser
» Traubenzucker
» Kekse
» Fischer Academy Unfallcheck

FISCHER ACADEMY UNFALLCHECK

– KAPITEL 05 –

Der KETTEN-FAHRSCHÜLER

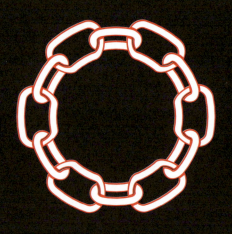

Unser Fahrlehrer Siggi bringt den Fahrschülern auch das Lkw-Fahren bei. Dabei hatte er einmal mit einem Fahrschüler seines Kollegen zu tun, der ihm schon vorher den Rat gab, dass er sich nicht wundern solle, wenn der Schüler ein wenig, sagen wir, interessant auf ihn wirken würde.

Siggi wartete schon einige Minuten auf dem Beifahrersitz des Lkw, als plötzlich ein stattlicher Kerl um die Ecke bog. Der Mann war ungefähr 1,85 Meter groß, aber weil er Plateauschuhe trug, wirkte er noch gefühlte 30 Zentimeter größer. Ein Eindruck, der durch seinen schwarzen Ledermantel, aber vor allem durch den in den Farben Blau, Lila und Rosa gefärbten Irokesenschnitt auf seinem Kopf verstärkt wurde.

»*Ach Scheiße, dann muss ich meine Ketten doch wieder abnehmen!*«

Siggi beobachtete, wie der Mann zur Fahrertür lief und in den Lkw einsteigen wollte, als es mit einem Mal einen mörderischen Schlag gab und er mit voller Wucht auf dem Rücken landete. Im ersten Moment dachte Siggi, dem Fahrschüler wäre etwas Schlimmes passiert. Aber der Mann stand wieder auf und murmelte:

»Ach Scheiße, dann muss ich meine Ketten doch wieder abnehmen!«

Erst jetzt bemerkte Siggi die Ketten, die der junge Mann um seine beiden Fußgelenke gelegt hatte.

»Warum machst du denn Ketten zwischen die Beine. Bist du irre?«

»Das ist mein Thrill«, entgegnete der Mann. »Ich brauche diese Ketten.«

»Warum?«, wollte Siggi wissen.

»Angenommen, du stehst irgendwo und es kommt ein Hund angerannt, ja? Dann rennst du weg und bist weg. Bei einem Wildschwein ist es genau das Gleiche. Oder du gehst über die Straße, es kommt ein Auto angerast, du machst einen Sprung und bist weg. Mein Thrill ist es zu wissen, dass ich wegen meiner Ketten nicht einfach so wegrennen kann.«

Außerdem, erklärte er Siggi, seien die Ketten ein modisches Accessoire der Neo-Gruftis, wie er eben auch einer sei. Anschließend entfernte er die Ketten und stieg problemlos in den Lkw ein. Aber seitdem kontrolliert Siggi, wenn jemand mit einem langen Mantel in den Lkw will, immer noch mal, ob sich darunter auch ja keine Ketten befinden.

DIE RICHTIGEN SCHUHE

Zieh zu deinen Fahrstunden und auch zur praktischen Prüfung immer dieselben Schuhe an. Im besten Fall haben sie eine dünne Sohle, damit du mehr Gefühl für die Pedale hast.

— KAPITEL 06 —

Es kann losgehen!
DEINE ERSTEN FAHRSTUNDEN

DIE ERSTE FAHRSTUNDE

Wir sollten vielleicht mal mit den Mythen rund um die Fahrstundenanzahl aufräumen. Die Grundlage für die Prüfung in der praktischen Pkw-Ausbildung ist in der sogenannten Fahrschülerausbildungsordnung, §5 geregelt.

Die Grundausbildung, also das Fahren in der Stadt, und die Grundfahraufgaben wie Einparken und Umdrehen sollten möglichst abgeschlossen sein, bevor du die besonderen Ausbildungsfahrten (5 x Überland, 4 x Autobahn und 3 x Nachtfahrten) fahren darfst.

DU KANNST DIR ALSO MERKEN: WENN DU IN DER STADT SOUVERÄN FAHREN KANNST, DARFST DU DIE ZWÖLF SONDERFAHRTEN ABSOLVIEREN. WIE VIELE FAHRSTUNDEN DU IN DER STADT BENÖTIGST, RICHTET SICH DABEI NACH DEINEN LERNERFOLGEN IN DER PRAXIS.

In den meisten Fahrschulen gilt als Fundament der praktischen Ausbildung der »curriculare Leitfaden« – ein Stufenausbildungsplan, der so gegliedert ist: Grundausbildung – Aufbaustufe – Leistungsstufe – Stufe der Sonderfahrten – Reife und Teststufe.

Jeder gute Fahrlehrer notiert den Lernfortschritt systematisch mit dem Fahrschüler vor und nach jeder Fahrstunde. Somit hast du immer einen genauen Überblick, was du bereits gelernt hast und was du noch lernen musst.

DEINE ERSTE FAHRSTUNDE

» Trag bequeme Kleidung für ausreichende Bewegungsfreiheit.
» Zieh flache Schuhe an, so hast du mehr Gefühl für die Pedale.
» Iss und trink ausreichend vor deiner Fahrstunde. Mit Hunger kannst du dich nicht gut konzentrieren.
» Geh ausgeruht und möglichst ohne Stress in die Fahrstunde, so bist du gedanklich viel mehr bei der Sache.
» Sei offen zu deinem Fahrlehrer und sprich mit ihm über deine Ängste, damit er weiß, was er beachten muss.
» Wie eine erste Fahrstunde abläuft, kannst du dir auf unserem YouTube-Kanal ansehen.

– KAPITEL 07 –

Der Schaltknüppel vs. Larsoderso

Normalerweise nutzen wir unser erstes Fahrschulfahrzeug, einen Trabant 601 de Luxe, um damit Promotion in der Stadt zu fahren. Als Fahrschulauto ist dieses DDR-Symbol nämlich längst nicht mehr zugelassen. Auf die Idee, damit aus Spaß auch mal eine Fahrstunde zu fahren, waren wir bisher nicht gekommen. Lars, ein echt cooler Influencer, schon.

Die größte Herausforderung bei der Trabant-Schaltung ist das Finden des Rückwärtsgangs: in Leerlaufstellung bringen, dann ganz reinstoßen und nach unten kippen.

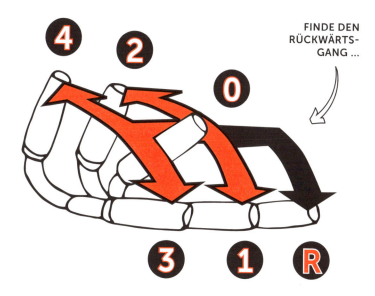

Ein Vorgang, den Lars gut verstanden hatte. Nicht verstanden hatte er dagegen, dass man den Weg, den man mit einem Schalthebel geht, auch wieder zurückgehen muss. Nach einem kräftigen Ruck hatte er mit einem Mal den Schalthebel in der Hand! Kein Wunder, dass die Fahrstunde keine drei Minuten dauerte …

RICHTIG SCHALTEN

Aufgrund der neuen Automatikregelung finden die Ausbildung und die Prüfung in einem Fahrschulfahrzeug mit Automatikgetriebe statt. Um das Fahren mit einem Schaltwagen sicher und umweltgerecht zu gestalten, hier unsere Tipps zum richtigen Schalten:

» Lerne, wo sich die einzelnen Gänge befinden

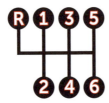 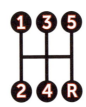

» Schaue beim Schalten nicht nach unten

WIE SCHALTEST DU RICHTIG?

Tritt die Kupplung, nimm das Gas weg, schalte in den gewünschten Gang, lass die Kupplung langsam kommen und gib wieder Gas.

WANN SCHALTEST DU IN WELCHEN GANG? *(ANHALTSPUNKTE)*

» 10 km/h = 1. Gang
» 20 km/h = 2. Gang
» 40 km/h = 3. Gang
» 60 km/h = 4. Gang
» 80 km/h = 5. Gang
» 100 km/h = 6. Gang

WANN MUSST DU DIE KUPPLUNG TRETEN?

Du musst die Kupplung zum Schalten und zum Anhalten treten.

FÜR SCHÜLER, DIE BEIM HALTEN VERGESSEN,
DEN ERSTEN GANG EINZULEGEN:

– KAPITEL 08 –

Komplette Eskalation!

DIE ERSTE FAHRSTUNDE VON HEYMORITZ

MORITZ IN ACTION

Oft werden Fahrschüler, die die Führerscheinausbildung mit einem Automatikfahrzeug absolvieren, belächelt. Für YouTuber HeyMoritz stand bei Ausbildungsbeginn schon fest, dass er zukünftig Elektrofahrzeuge fahren möchte – und die sind nun mal grundsätzlich mit Automatikgetriebe ausgestattet.

Um also den Spott und Shitstorm im Netz zu umgehen, veröffentlichten wir vor dem eigentlichen Video zur Fahrstunde mit HeyMoritz einen Trailer, in dem er an der klassischen Kupplung verzweifelt.

Die Automatikregelung hat in der Führerscheinausbildung seit 2021 einen neuen Stellenwert. Fast jede Prüfung wird nun auf Automatikgetriebe durchgeführt. Warum unnötig schwer machen, wenn es einfach sein kann.

KUPPELN ODER WAS? HEYMORITZ VERSUCHT SEIN GLÜCK

— KAPITEL 09 —

Nehmen Sie bitte
DIE FÜNFTE AUSFAHRT IM KREISVERKEHR

Geliebt und gehasst zugleich: Bereits zu Beginn des 20. Jahrhunderts gab es in New York (Columbus Circle) und Paris (Arc de Triomphe) erste Kreisverkehre, die unsere Nachbarn in Österreich und der Schweiz auch Kreisel oder Teller nennen.

Es ist vielleicht etwas gemein, aber dennoch spannend zu sehen, wie Fahrschüler unterschiedlich reagieren, wenn vom Fahrlehrer die Anweisung kommt, die fünfte Ausfahrt im Kreisverkehr zu nehmen – die meisten Kreisverkehre haben ja bekanntlich drei oder vier Ausfahrten. Aber darauf muss man eben auch erst mal kommen – und bis dahin können schon ein paar Runden gedreht werden. Der fahrschulinterne Rekord liegt bei 19 Runden.

KREISVERKEHRSREGELN

» Fahrzeuge im Kreisverkehr haben immer Vorfahrt.
» Blinke nicht beim Einfahren, sondern nur beim Verlassen des Kreisverkehrs.
» Halten und parken im Kreisverkehr ist verboten.

Der Rekord im Hinblick auf die längste Kreisverkehrs-Fahrt liegt bei 36 Kilometern und circa 270 Runden – bei wohlgemerkt durchschnittlich etwa 30 km/h.

– KAPITEL 10 –

Mach's
ALS MENÜ

Ein YouTube-Star, dessen Namen wir an dieser Stelle aus Diskretionsgründen nicht nennen wollen, hatte in der Theorie-Vorprüfung ganze 33 Fehlerpunkte zu verbüßen. Es war nur eine Frage der Zeit, bis die ersten Tränen rollten. Um die Situation zu entspannen, versuchte unser Fahrlehrer Marco sich an einem Witz.

»Nicht weinen! Für 33 Fehlerpunkte bekommst du bei einer Fast-Food-Kette deiner Wahl als Trostpreis ein Menü deiner Wahl!«

Zwei Tage später sagte ein anderer Fahrschüler zum Fahrlehrer:

»Das kannst du doch nicht einfach so dahersagen.«

»Warum denn nicht?«

»Na, der ist tatsächlich zum Fast-Food-Restaurant gegangen, hat der Kassiererin den Prüfungsbogen mit 33 Fehlerpunkten vorgelegt und ein Menü bestellt!«

Das von Marco versprochene Menü gab es natürlich nicht. Als Trostpreis luden wir dann den YouTuber auf ein Menü seiner Wahl ein.

DIE BESTELLUNG IM DRIVE-IN-RESTAURANT

Fast-Food-Restaurant-Mitarbeiter lieben es, wenn du nicht sofort deine Bestellung aufgibst, sondern höflich »Hallo!« sagst. Traurig, aber wahr: Fast alle Besucher vergessen das!

Man kann bei diversen Fast-Food-Restaurants auch vom Fahrrad aus bestellen. Bestellt man im sogenannten Bike-In, bringen die Mitarbeiter die Bestellung direkt zum Fahrradfahrer.

– KAPITEL 11 –

Rotpilz
und die Lichthupe

Zu Beginn einer praktischen Prüfung stellt der Prüfer dir drei Fragen. So war es auch bei Rotpilz. Zuerst sollte er die Mindestprofiltiefe der Reifen nennen. Kein Problem: 1,6 Millimeter. Anschließend sollte er die Lichthupe betätigen. Rotpilz schaltete also ganz selbstverständlich den Lichtschalter ein, lehnte sich kurz nach hinten und drückte mit ausgestreckten Armen auf die Mitte des Lenkrades, wo sich die Hupe befand. Licht-Hupe eben …

Prüfer und Fahrlehrer schauten sich fragend, aber mit einem Lächeln im Gesicht an. Nach der praktischen Prüfung, die Rotpilz ansonsten gut meisterte, fragte der Prüfer den Fahrlehrer, ob die Situation mit der Lichthupe vielleicht zu einem Prank im Stil der »Versteckten Kamera« gehören würde. Schließlich würden wir ja hin und wieder mit Kamera und YouTube-Stars die Führerscheinausbildung absolvieren. Aber Fehlanzeige. Der Fahrlehrer war von dieser ganz besonderen Lichthupe genauso irritiert wie der Prüfer.

LICHTHUPE RICHTIG ANWENDEN

Die Lichthupe ist ein Warnsignal und darf verwendet werden, um andere Verkehrsteilnehmer auf eine Gefahr aufmerksam zu machen oder außerhalb geschlossener Ortschaften einen Überholvorgang anzukündigen.

Die meisten amerikanischen Hupen erklingen in der Tonart F-Dur.

SO TANKST DU RICHTIG!

Rechts und links nicht unterscheiden zu können, kann im Straßenverkehr mitunter fatale Folgen haben. Etwa dann, wenn der Erste in einer Kolonne falsch abbiegt oder einem der Beifahrer versucht, trotz Rechts-links-Schwäche den richtigen Weg zu erklären. Wenn dann auch noch die Tücken der Technik mitspielen, kann das Leben ziemlich anstrengend und ungerecht werden.

Zum Beispiel an der Tankstelle. Man steuert mir nichts, dir nichts auf die nächste Zapfsäule zu und – zack – Blackout! Wo war noch mal der verdammte Tankdeckel? Auf der rechten oder der linken Seite des Autos? Und wie war das jetzt? Rechts ist doch dort, wo der Daumen links ist, oder? Und was muss ich überhaupt tanken?

» Am Drehzahlmesser erkennst du, ob du Benzin oder Diesel tanken musst. Ein Benziner hat einen Drehzahlmesser, der 7000 bis 8000 Umdrehungen geht, bei einem Diesel sind es nur 5000 bis 6000 Umdrehungen.

» Im Fahrzeugschein oder im Tankdeckel kannst du nachlesen, welchen Treibstoff du tanken musst.

» In der Tankanzeige im Tacho siehst du an einem kleinen Dreieck neben der Tanksäule, auf welcher Seite sich der Tankdeckel befindet.

» Leg beim Tanken immer ein Tuch unter den Zapfhahn. Diesel und Benzin tropfen nach, so wird dein Lack am Auto geschont.

» Bevor du zum Bezahlen gehst, merke dir die Nummer deiner Tanksäule.

SPRIT SPAREN LEICHT GEMACHT

Sprit kannst du nicht nur sparen, indem du günstig tankst. Auch deine Fahrweise hat direkten Einfluss auf den Kraftstoffverbrauch.

- » Beschleunige schnell und schalte rechtzeitig in den nächsten Gang.
- » Fahre vorrausschauend, geh eher vom Gas als abrupt abzubremsen.
- » Vermeide kurze Strecken, geh lieber zu Fuß oder nimm das Fahrrad.
- » Schalte den Motor aus, wenn die Leerlaufzeit länger als 20 Sekunden beträgt.
- » Nutze elektrische Verbraucher wie die Klimaanlage sinnvoll.
- » Achte auf die Ladung und das Gesamtgewicht deines Fahrzeugs.
- » Achte auf den richtigen Luftdruck deiner Reifen.

Ein durchschnittlicher Mann weiß mehr über sein Auto als über seinen eigenen Körper! Tatsächlich wissen 90 Prozent der Männer, wie viel ihr Auto verbraucht, dagegen kennen nur 58 Prozent ihre eigene Blutgruppe und nur 43 Prozent ihren Cholesterinwert.

– KAPITEL 12 –

Cheyenne Ochsenknecht

PARKT WIE EIN MANN?!

CHEYENNE
GIBT GAS

CHEYENNE OCHSENKNECHT

www.instagram.com/cheyennesavannah

Cheyenne Ochsenknecht war während der Fahrausbildung wirklich entspannt. Aber sie hatte von Tag 1 an eine ganz besondere Eigenart: Stand das Rückwärtseinparken an, ging sie dabei wie 99 Prozent der männlichen Autofahrer vor. Um rückwärts in eine Parklücke zu fahren oder wieder herauszukommen, drehte Cheyenne sich nach hinten und legte den Arm um den Beifahrersitz, um sich an eben jenem festzuhalten, ehe sie schließlich den Wagen in die Parklücke manövrierte – und zwar perfekt. Ungewohnt, aber effektiv!

Dass Frauen schlechter einparken als Männer ist übrigens ein Mythos. Für eine umfangreiche Studie, deren Ergebnisse im »Daily Telegraph« veröffentlicht wurden, wertete man die Kameraaufnahmen von mehr als 700 Parkplätzen in England aus. Ein Team von Forschern beobachtete über einen Zeitraum von einem Monat rund 2500 Autofahrer beim Einparken. Das erstaunliche Ergebnis: Frauen parken besser ein als Männer. Oder besser gesagt: präziser. Im Schnitt brauchten die Herren der Schöpfung zwar nur 16 Sekunden, um ihren Wagen in die Parklücke zu stellen, während die Damenwelt ganze fünf Sekunden länger benötigte – dafür stand das Auto aber dann auch so, wie es sich gehört: in der Parkplatzmitte. Während über die Hälfte der Frauen ihr Auto korrekt parkte, standen die Fahrzeuge der Männer zu 75 Prozent schief in der Parklücke.

Klar, dass Cheyenne die theoretische und auch die praktische Prüfung auf Anhieb und ohne Fehler bestand.

WIE STELLE ICH DIE PARKSCHEIBE RICHTIG EIN?

Ganz wichtig: Die Parkscheibe muss auf die nächste halbe Stunde eingestellt werden. Parkst du dein Auto zum Beispiel um 12:05 Uhr, musst du die Parkscheibe auf 12:30 Uhr stellen. Stellst du die Parkscheibe falsch ein oder positionierst sie gar nicht oder schlecht sichtbar im Fahrzeug, kann das mit einem Verwarnungsgeld geahndet werden.

FÜR SCHÜLER, DIE DEN
SCHULTERBLICK VERGESSEN:

VOR DEM
LENKEN KOPF
VERRENKEN.

– KAPITEL 13 –

Nächste Abfahrt, RASTPLATZ!

Fahrstunde auf der Autobahn. Am späten Vormittag war wenig los, weshalb Fahrschülerin Celine den Wagen mit Richtgeschwindigkeit auf der rechten Spur hielt. Schon von Weitem erkannte Fahrlehrer Ingo, dass der Verkehr in ein paar Hundert Metern zäher und schließlich stauen würde.

Celine, die damit beschäftigt war, genügend Abstand zum Vordermann zu halten, bekam von alledem noch nichts mit. Aber ein Fahrlehrer ist schließlich ein Fahrlehrer und kein Stauwarner, also hielt Ingo erst mal schön den Mund. Auch als der Abstand zu den anderen Verkehrsteilnehmern immer geringer wurde. Als die ersten Autos ihre Warnblinker einschalteten, reagierte Celine endlich, setzte den Blinker rechts und ließ den Wagen gerade noch kurz vor knapp auf die Ausfahrt zum Rastplatz rollen, um den Fahrschulwagen dort zu parken und erst mal einen Schluck aus ihrer Getränkeflasche zu nehmen.

»Was war das denn?«, fragte Ingo ungläubig.

»Na, ob ich jetzt zwischen den anderen Autos oder hier warte, ist am Ende doch egal. Da können wir auch hier in Ruhe darauf warten, dass es wieder weitergeht, und sparen uns das ständige Stop-and-go«.

ACHTUNG, KETTENREAKTION

Die Hauptursache für Stau ist hohes Verkehrsaufkommen. Auch ohne eine erkennbare Ursache, wie etwa ein Unfall oder eine Baustelle, staut sich der Verkehr, wenn zu viele Fahrzeuge zeitgleich unterwegs sind und dadurch die Verkehrsanlage an ihre Kapazitätsgrenze stößt.

Wenn bei hohem Verkehrsaufkommen mehrere Autos nacheinander abbremsen müssen, entsteht eine Kettenreaktion. Das Problem: Die einzelnen Autofahrer bremsen in verschiedenem Maße ab. Dadurch kommt es zu unregelmäßigen Verzögerungen, der Verkehrsfluss wird instabil und kann in der Folge einbrechen.

WIE VERHALTE ICH MICH IM STAU RICHTIG?

» Bilde eine Rettungsgasse (kann Leben retten!).
» Bleib im Auto sitzen, es ist verboten auf der Autobahn spazieren zu gehen.
» Ruhe bewahren, sei geduldig und warte, bis der Stau sich aufgelöst hat.
» Motor abstellen, auf Verkehrsmeldungen achten.

Es gibt sogar Staus, die es schon ins »Guinness-Buch der Rekorde« geschafft haben. Der bislang längste Stau bildete sich 1980 in Frankreich zwischen Paris und Lyon und war unfassbare 176 Kilometer lang. Grund dafür waren zum einen jede Menge Urlaubsrückkehrer, aber auch schlechtes Wetter. Den am längsten andauernden Stau gab es 2010 in China. Der war zwar nur etwas mehr als 100 Kilometer lang, dauerte dafür aber fast zwei Wochen. Erst nach zwölf Tagen löste sich die Schlange, die vornehmlich aus Lkws bestand, wieder auf.

HANDREGEL: SO GEHT DIE RETTUNGSGASSE

Die Rettungsgasse muss bereits dann gebildet werden, wenn Fahrzeuge auf der Autobahn oder auf mehrspurigen Straßen nur noch mit Schrittgeschwindigkeit fahren. Dann ist noch ausreichend Platz und Zeit um zu reagieren. Wenn die Rettungskräfte mit Blaulicht und Martinshorn von hinten kommen, ist es meist zu eng und zu spät, um eine Rettungsgasse zu bilden.

MIT DER HANDREGEL GANZ EASY
DEN ÜBERBLICK BEHALTEN

– **KAPITEL 14** –

Das Parkhaus-Labyrinth

MIT ARTUS WEICHERT

ARTUS BEIM AUTOFAHREN

Insbesondere Fahrschüler fühlen sich oft unsicher, wenn es ums Parken im Parkhaus geht. Dabei geht es vielen Autofahrern so – auch wenn sie es nur ungern zugeben. Aber eigentlich ist es ja nur logisch.

Schon die Einfahrt eines Parkhauses kann einem Respekt einflößen: Die Schranke, der Ticketautomat, dann das Anfahren mit Steigung oder Neigung, die zahlreichen Kurven und mitunter viel Verkehr auf engem Raum – all das gehört nur selten zur täglichen Fahrroutine und macht deshalb nervös. Das ist gut zu sehen an den häufigen Kollisionsspuren: Schrammen und Lackreste an Wänden und Pfeilern.

»Ich dachte, im Westen geht alles automatisch.«

Auch ich habe mich, als ich zum ersten Mal in ein Parkhaus fuhr, so richtig zur Pfeife gemacht. Das war im Jahr 1990, kurz nach der Wende. Zu DDR-Zeiten gab es noch keine Parkhäuser und mein erster Besuch in den neuen Bundesländern begann mit einem Parkhaus in der Stadt Hof.

Mit meinem Trabant 601 de Luxe stand ich, der Ossi, an der Parkhausschranke und wartete und wartete – ich dachte, im Westen geht alles automatisch. Nachdem ein paar Minuten vergangen waren und hinter mir schon zwei, drei Fahrzeuge warteten, hörte ich über den Lautsprecher des Parkhauses plötzlich eine Stimme.

»Hey Sie, Sie in dem Trabant, kurbeln Sie mal die Scheibe runter, dann strecken Sie den linken Arm Richtung roten Knopf und drücken diesen. Okay?!«

Ein wenig musste ich schon über mich selbst lachen. Aber ehrlich gesagt sind Parkhäuser bis heute nicht wirklich meine Lieblingsorte.

Eigentlich sollte eine Fahrt durchs Parkhaus Bestandteil jeder Führerscheinausbildung sein. In der Realität kommt dieser Aspekt jedoch leider oft zu kurz – doch nicht bei Artus Weichert. Eine seiner Fahrstunden nutzten wir, um mit ihm für eine Autogrammstunde in ein Einkaufscenter zu fahren. Als die Fanveranstaltung vorbei war, standen wir im Parkhaus und darüber hinaus – und das passiert vielen Autofahrern – mal wieder vor der Frage, wo sich jetzt noch mal unser Fahrschulwagen befand.

In kleinen Parkhäusern findet man das Auto meist nach einem kurzen Spaziergang. Aber wenn die Suche in großen und verschachtelt aufgebauten Parkhäusern beginnt, hat man kaum eine Chance.

EY MANN, WO IST MEIN AUTO, ARTUS WEICHERT?

Damit das nicht wieder vorkommt, haben wir uns einen Trick ausgedacht. Einfach mit dem Smartphone ein Foto von der Parkplatznummer machen. Wer ganz sichergehen will, fotografiert beim Weg nach draußen auch das Parkdeck. Und wer noch sicherer gehen will, fotografiert beim Verlassen des Parkhauses auch noch die Öffnungszeiten, um nicht irgendwann vor verschlossenen Türen und Toren zu stehen.

Hier unser Video mit Tipps und Tricks, wie du gefahrlos jedes Parkhaus meisterst:

DER PARKHAUS-CHECK

Auch in einem Parkhaus gilt prinzipiell die Straßenverkehrsordnung, die Verkehrsregeln sind daher nicht unbekannt. Zudem wird von den Verkehrsteilnehmern besondere Rücksichtnahme erwartet, damit trotz der engen Verhältnisse nicht das Chaos regiert.

IM PARKHAUS

- » Licht einschalten
- » Einfahrthöhe beachten
- » Merke dir das Parkdeck und die Nummer (mache evtl. ein Foto mit deinem Handy)
- » Nimm dein Parkticket mit und bezahle vor dem Verlassen des Parkhauses
- » Auf Fußgänger und Kinder achten

– KAPITEL 15 –

Lukas White
UND DIE REGENFAHRT

LUKAS WHITE FÄHRT PRÜFUNG

Die Aufregung bei einer Fahrprüfung, ganz egal ob Theorie oder Praxis, gehört dazu. Das Thema kennen viele Fahrschüler. Prüfungsstress ist ein großes Handicap und manchen begleitet diese Angst ein Leben lang.

Extreme Prüfungsangst führt sogar zu Denkblockaden oder Aussetzern. Vielleicht kennst du das auch von Referaten oder Vorträgen in der Schule: Du bereitest dich wochenlang auf deinen Vortrag vor, übst deine Rede immer und immer wieder – und dann, wenn es darauf ankommt, ist die Birne plötzlich leer und du weißt nichts mehr.

Ganz ähnlich erging es auch unserem Fahrschüler Lukas White. Während der praktischen Prüfung begann es leicht vom Himmel herab zu tröpfeln. Kein leichter und auch kein starker Regen, einfach ein kleiner Schauer.

Der Fahrlehrer merkte schon, dass irgendetwas nicht stimmte, konnte dem Schüler aber natürlich nicht sagen, dass er doch mal den Scheibenwischer einschalten solle. Der Prüfer, der natürlich auch bemerkte, dass die Sicht nach vorn durch die kleinen Regentropfen etwas getrübt war, wurde unruhig. Aber was der Fahrlehrer nicht darf, darf der Prüfer.

»Machen Sie doch bitte mal die Frontscheibe sauber«, hörte Lukas von hinten ein eindeutiges Kommando.

Entweder wollte Lukas hier den Coolen markieren – oder er hatte tatsächlich mit einem Blackout zu kämpfen. Jedenfalls nahm er die Bitte vom Prüfer wörtlich, fuhr rechts ran, nahm den Lappen aus dem Seitenfach, stieg aus und reinigte damit gründlich die Frontscheibe.

Prüfer und Fahrlehrer schauten sich an und zuckten schmunzelnd mit den Schultern – und die Prüfungsfahrt wurde ohne weitere Vorkommnisse fortgesetzt.

»Warum haben Sie denn vorhin eigentlich nicht den Scheibenwischer betätigt?«, wollte der Fahrprüfer nach der bestandenen Prüfung von Lukas wissen.

»Ich habe das gemacht, was Sie gesagt haben«, antwortete Lukas White lässig. »Hätten Sie gesagt, dass ich den Scheibenwischer einschalten soll, hätte ich das auch gemacht. Aber mein Fahrlehrer hat in der Ausbildung immer gesagt, dass ich bei der Prüfung nur tun soll, was der Prüfer mir sagt.«

Lukas White hat wirklich gut reagiert.

WIE ENTSTEHT EIGENTLICH PRÜFUNGSANGST?

Sie entsteht nicht durch die Prüfung selbst, sondern vielmehr durch die eigenen Gedanken. Anders gesagt: die Qualität deiner Denkweise bestimmt die Qualität deiner Handlung. Du hast Angst vor den negativen Folgen die du dir ausmalst, falls du die Prüfung nicht bestehen solltest.

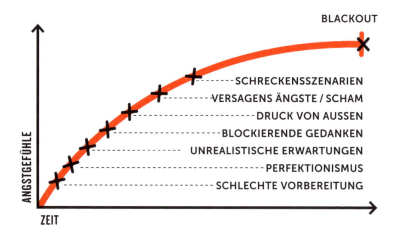

GUTE VORBEREITUNG HILFT,
DIE ANGST NICHT AUFKOMMEN ZU LASSEN

– KAPITEL 16 –

Du schnallst die Vorfahrt nicht,
MEIN LIEBER KEANU!

SO GEHT VORFAHRT

Wenn wir mit dem Fahrschulwagen an eine Kreuzung heranfahren, fragen unsere Fahrlehrer, was zu beachten ist. Die Antworten müssen dabei fehlerfrei und sehr schnell gegeben werden. Keanu brauchte zum Überlegen meist nicht nur lange, seine Antworten waren oft auch falsch. Einmal verwechselte er sogar rechts und links und es wäre beinahe zu einem Unfall gekommen.

Aber Keanu hatte eine starke Vorstellungskraft, wenn die Vorfahrtssituation auf ein Blatt Papier aufgemalt wurde. Um ihm doch noch zum Erfolg zu verhelfen, zeichnete sein Fahrlehrer Udo alle möglichen Kreuzungen, Einmündungen und Vorfahrtssituationen auf. Keanu lernte die Blätter auswendig und von da an gab es nie mehr Probleme beim Heranfahren an Kreuzungen und Einmündungen.

Dank der vermeintlichen Vorfahrtsschwäche von Keanu ist unser Vorfahrtspass entstanden. Die vom Fahrlehrer gezeichneten Verkehrssituationen sind heute ein schönes Hilfsmittel, das allen zukünftigen Fahrschülern hilft. Danke, Keanu!

VORFAHRTSREGELN

Die Vorfahrtsregeln entscheiden, welches Fahrzeug an einer Kreuzung oder Einmündung warten muss oder fahren darf. Dabei ist die Vorfahrt in vier Ebenen eingeteilt:

» 1. Rechts vor links
» 2. Verkehrszeichen
» 3. Lichtzeichen
» 4. Polizei

Unser Vorfahrtspass hilft dir, in jeder Situation einen kühlen Kopf zu bewahren – einfach über den QR-Code links abrufen.

— **KAPITEL 17** —

Katja Krasavice, das Fantreffen und wir

FAN-TREFFEN MIT KATJA

Als Katja mit uns eine Kooperationsvereinbarung zur Führerscheinausbildung geschlossen hatte, wollten und mussten wir die anschließenden Fahrstunden etwas anders als sonst angehen – schließlich ist Katja aktuell eine der bekanntesten YouTuberinnen Deutschlands.

Hätte sie über einen ihrer Kanäle verkündet, dass sie aktuell ihre Führerscheinausbildung im FischerDorf absolviert, hätten ihre Fans uns die Bude eingerannt. Nur: In dem Moment, in dem Katja eines unserer Autos durch die Innenstadt von Gera steuerte, war es vorbei mit der höchsten Geheimhaltungsstufe und es dauerte nicht lange, bis sich herumsprach, wer gerade bei uns in Gera zu Besuch ist.

»Um 18 Uhr platzte der Dorfplatz schließlich aus allen Nähten.«

Weil wir nun mal das FischerDorf nicht vollständig abriegeln können, waren von da an den ganzen Tag und rund um die Uhr Fans im FischerDorf, die darauf hofften, ein Autogramm von Katja zu ergattern. Das organsierte Fantreffen hatte auch für uns noch einmal eine komplett neue Dimension.

Es war für 18 Uhr anberaumt. Aber bereits am frühen Nachmittag, kurz nach Schulschluss, warteten schon ca. 100 Fans auf unserem Dorfplatz. Um 15 Uhr waren es so viele, dass wir die Security um drei weitere Mitarbeiter aufstocken mussten. Außerdem gab es Getränke und Selbstgebackenes für die Wartenden, während wir Katja durch den Hintereingang ins Gebäude schleusten.

Um 18 Uhr platzte der Dorfplatz schließlich aus allen Nähten. Aber das Gekreische, als Katja ihre Fans begrüßte, werden wir nie vergessen. So laut war es im FischerDorf noch nie gewesen.

Katja betrat die Bühne, gab ein paar ihrer Songs zum Besten und wurde dabei vom kompletten Dorfplatz unterstützt.

Besonders beeindruckend war die Herzlichkeit, mit der Katja jeden Einzelnen begrüßte, sich Zeit nahm und nie die Ruhe verlor. Am Ende waren alle Autogrammkarten verteilt – und trotz dieser zusätzlichen Belastung in Form von Auftritt und Autogrammstunde meisterte Katja die Führerscheinausbildung und beide Prüfungen mit Bravour.

Katja haben wir als ein tolles, kluges und entspanntes junges Mädchen kennen- und schätzen gelernt. Wir glauben, dass sie noch einiges in ihrem Leben bewegen und erreichen wird.

IMMER GEFRAGT: RÜCKSICHT

Auf privaten Grundstücken wie Parkplätzen sollte man sich grundsätzlich nicht auf Vorfahrtsregeln verlassen, sondern Rücksicht auf andere nehmen, sich verständigen und das Schritttempo einhalten. Dies gilt auch dann, wenn ein Schild auf die StVO hinweist.

FÜR SCHÜLER, DIE VERBOTSSCHILDER
NICHT GLEICH ALS SOLCHE ERKENNEN:

IST DAS SCHILD RUND UND ROT, IST ES EIN VERBOT.

– KAPITEL 18 –

Die teuerste Fahrstunde!

RUMMS – TOTALSCHADEN

Parkplätze sind rar, Lkw-Parkplätze sind rarer und Lkw-Parkplätze im Stadtzentrum eigentlich nicht zu finden. Dennoch müssen wir unsere Fahrschul-Lkws in der Nähe des Fischer-Dorfs abstellen. Deshalb haben wir für unsere drei Lkws einen kleinen Parkplatz mit einer Grundfläche von 300 Quadratmetern gekauft. Logisch, dass es dort sehr dicht und eng zugeht. Die Fahrzeuge stehen über Nacht Stoßstange an Stoßstange.

»Der Knall war im ganzen FischerDorf zu hören.«

Und auch als unsere Lkw-Fahrlehrerin Miglena mit ihrer Schülerin am Ende der Fahrstunde den Fahrschul-Lkw Nummer 1 auf den Parkplatz fuhr, um diesen hinter unserem Fahrschul-Lkw Nummer 2 abzustellen, war nicht gerade viel Platz.

»Bitte Fahrzeug sichern!«, kam das Kommando von Miglena, als der Abstand zum bereits parkenden Lkw Nummer 2 weniger als einen Meter betrug.

»Fahrzeug sichern!« wird mit Lkw-Schülern immer wieder geübt und heißt, dass die Handbremse angezogen und der Motor abgestellt wird.

Aber was machte unsere Fahrschülerin im Moment des Kommandos von Miglena? Sie nahm den Fuß von der Bremse und gab Vollgas!

Der Knall war im ganzen FischerDorf zu hören. Mit voller Wucht krachte Nummer 1 auf Nummer 2. Zum Glück verlief der Crash glimpflich, und es gab keinen Personenschaden. Dafür aber einen, wie sich im Nachhinein durch den Gutachter he-rausstellte, wirtschaftlichen Totalschaden bei Lkw Nummer 1 – mit Abstand die kostenintensivste Fahrstunde unserer 30-jährigen Firmengeschichte.

FAHRZEUGSICHERUNG

Zum sicheren Autofahren gehört auch das sichere Abstellen deines Fahrzeugs. Nicht nur, wenn du über Nacht oder für längere Pausen parkst, auch bei kurzen Stopps ist die ordnungsgemäße Sicherung von großer Bedeutung.

SO SICHERST DU DEIN FAHRZEUG OPTIMAL:

» Beachte die Hinweise der Betriebsanleitung des Fahrzeugs zum Einsatz der Feststellbremse.

» Zieh bei jedem Stopp die Feststellbremse an.

» Leg als zusätzliche Sicherung beim Parken auf ebener Fläche oder bergauf den ersten Gang ein. Bergab legst du den Rückwärtsgang ein.

» Leg bei Automatikgetrieben und Elektrofahrzeugen, sofern vorhanden, die Parksperre ein.

» Sichere das Fahrzeug bei starkem Gefälle zusätzlich durch Einschlagen der Vorderräder zum Fahrbahnrand.

BEI EINEM UNFALL

1 Warnblinker einschalten

2 Warnweste anziehen

3 Unfallstelle mit dem Warndreieck absichern
Innerorts muss das Warndreieck in einem Abstand von 50 Metern von der Unfallstelle aufgestellt werden, außerorts sind es 100 Meter.

PROFI-TIPP:
DIE HÜLLE VOM WARNDREIECK AUF DEN BEIFAHRERSITZ LEGEN, DAMIT DU BEIM LOSFAHREN NICHT VERGISST, ES WIEDER MITZUNEHMEN.

---

4 Verletzte ansprechen

5 Notruf kontaktieren und dabei die 5 W einer Notfallmeldung nennen:

» Wo ist es passiert?
» Was ist passiert?
» Wie viele Verletzte gibt es?
» Welche Art von Verletzungen liegen vor?
» Warten auf Rückfragen

6 Warndreieck wieder mitnehmen!

– KAPITEL 19 –

Einmal waschen, bitte!
MIT TYPISCH KASSII

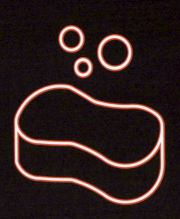

TIPPS UND TRICKS ZUM FÜHRERSCHEIN

»Vogeldreck und Lindenkleister sind des Autos Plagegeister«, heißt es. Aber Fliegendreck und Steinschlag sind mindestens genauso ärgerlich und behindern die Sicht.

Machen wir uns also nichts vor: Autowaschen muss sein, aber bitte richtig. Denn auch beim Besuch der Autowaschanlage kann man die eine oder andere Panne erleben. In einer Waschstraße kann schon so einiges schieflaufen.

Das Fenster oder den Dachhimmel offen zu lassen, sind die Klassiker. Deshalb: Fenster und Verdeck schließen, Scheibenwischer auf Ruheposition stellen, Fenster und gegebenenfalls das Schiebedach schließen, die Außenspiegel einklappen, prüfen, ob der Tankdeckel sowie Türen und Heckklappe richtig geschlossen sind und, falls vorhanden, Dachaufbauten entfernen. Außerdem solltest du die Antenne abschrauben oder einfahren.

In der Fahrausbildung ist Waschanlagentraining eher selten — aber nach dieser Story sollte es vielleicht doch in die Fahrschüler-Ausbildungs-Ordnung aufgenommen werden.

Während einer Fahrstunde war unser Fahrlehrer Udo nämlich mit Typisch Kassii in unserem Tesla zur Waschstraße unterwegs. Die erste Aufgabe: das Befahren der Waschstraße und das richtige Aufstellen auf dem Transportband.

Als Kassii und Udo korrekt auf dem Transportband standen, leuchtete die Warnlampe grün. Das Zeichen, um den Motor abzustellen und bei Schaltwagen und Elektrofahrzeugen den Gang herauszunehmen bzw. bei Automatikautos auf »N« zu schalten. Anschließend kann man eigentlich entspannen und warten, dass einen die Waschstraße hinten wieder ausspuckt.

Doch als die Lüftungsanlage sich auf den Tesla zubewegte, erschrak Typisch Kassii dermaßen, dass sie instinktiv auf die Bremse trat, wodurch die Räder blockierten und die Zugkette der Waschstraße das Auto nicht mehr bewegen konnte!

Die Folge: Der Tesla wurde aus der Schleppkette herausgehoben. Es ertönte ein ohrenbetäubendes Alarmsignal und die gesamte Waschstraße blockierte. Erst dank der Hilfe eines Waschstraßenmitarbeiters konnte der Waschvorgang beendet werden.

UNTERSCHIED ZWISCHEN WASCHSTRASSE UND WASCHANLAGE

In einer Portalwaschanlage verlässt du das Fahrzeug, schließt die Fahrertür, kontrollierst noch einmal die richtige Position deines Autos und startest das Waschprogramm. Nach dem Waschvorgang steigst du wieder in dein Fahrzeug ein und achtest auf die Ampel. Sobald diese auf Grün schaltet, startest du den Motor und fährst aus der Anlage.

Es gibt – wie in der Story beschrieben – auch Waschstraßen mit einem Transportband. Hier bleibst du während der Wäsche im Auto sitzen. Normalerweise hilft dir ein Mitarbeiter bei der Einweisung.

Achte auf die Warnlampen in der Waschanlage. Wird von Rot auf Grün geschaltet, steht dein Auto in der richtigen Position. Anschließend schaltest du den Motor aus und nimmst den Gang heraus bzw. stellst das Automatikgetriebe auf »N«.

ERSTE HILFE: WASCHSTRASSE

Solltest du unsicher sein und vielleicht das erste Mal in eine Waschstraße fahren, sprich die Mitarbeiter darauf an, damit sie dich einweisen und dir helfen können.

KLARE SCHEIBEN, VOLLER DURCHBLICK

Klar, mit einem Auto kannst du nur fahren, wenn du die Straße und die anderen Verkehrsteilnehmer richtig siehst – und ohne funktionierende Scheibenwischer wird das schwierig. Denn egal ob eingetrockneter Schmutz oder Regen: Die Scheiben müssen sauber sein. Und das geht am besten mit intakten Scheibenwischern.

- » Gerade im Sommer solltest du Frontscheibe und Scheibenwischer regelmäßig von Insektenresten befreien.

- » Schmieren die Scheibenwischer, kann man die Scheibe auch mal mit Glasreiniger säubern.

- » Wichtig: Mit dem Glasreiniger auf gar keinen Fall die Wischerblätter reinigen, da sie oft mit einer dünnen Beschichtung überzogen sind, um besser zu gleiten.

- » Scheibenreinigungsmittelkonzentrat nur in der vom Hersteller angegebenen Konzentration verwenden.

- » Besonders dreckige Wischerblätter kannst du ganz leicht mit einem feuchten Tuch reinigen.

- » Ab und an solltest du prüfen, ob der Wischerarm verbogen ist und der Wischer auch wirklich überall auf der Scheibe aufliegt.

- » Um die Wischerblätter wieder geschmeidig zu machen, kannst du sie mit ein wenig Fett einreiben.

– KAPITEL 20 –

Harakiri
AUF DER LADEFLÄCHE

Die Story von Manuel fängt eigentlich erst an, als seine Fahrprüfung schon bestanden war. Manuel hatte nach der theoretischen Fahrprüfung mit null Fehlerpunkten auch die praktische ohne große Probleme absolviert – und weil er der letzte Prüfling an diesem Tag war, bot Fahrlehrer Andreas ihm an, dass er doch noch eine Ehrenrunde drehen und sich selbst nach Hause fahren könne. Dazu muss man vielleicht wissen, dass auch viele Geraer ihren Führerschein bei uns im FischerDorf machen.

Schon beim Einbiegen in die Straße, in der Manuel wohnte, fielen Andreas die meterhoch gestapelten Umzugskartons auf, die vor dem Wohnhaus des frischgebackenen Führerscheinbesitzers auf dem Boden standen.

»Da guckst du, was?«, meinte Manuel. »Ich hab den ganzen Morgen Kisten gepackt, zwischendurch schnell die Fahrprüfung gerockt, jetzt lad ich den ganzen Krempel in den Kombi da vorne und dann zieh ich noch schnell um, bevor nächste Woche das Studium losgeht.«

»Schnell ist gut«, knurrte Andreas. »Und wie willst du den Inhalt von einem ganzen Zimmer bitte in den Wagen da reinbekommen?«

»Lass das mal meine Sorge sein«, meinte Manuel und verabschiedete sich mit hochgekrempelten Ärmeln.

Ganz zur Freude von Fahrlehrer Andreas, der sich aber nichtsdestotrotz den Spaß machte, eine gute Stunde später noch mal bei Manuel vorbeizufahren, um sich einen Eindruck vom Fortschritt der Harakiri-Umzugsaktion zu machen.

Und siehe da: Nicht mal die Hälfte der Kartons passte in den Kombi, der schon bis unters Dach vollgestopft war.

»Das Ding ist so vollgepackt, dass ich nicht mal mehr in den Rückspiegel gucken kann«, ärgerte sich Manuel – und bestellte für den nächsten Morgen ein Umzugsunternehmen.

AUTO RICHTIG BELADEN

Egal, ob ein Umzug, ein Urlaub oder der Transport eines Gegenstands in Übergröße ansteht: Ein Auto muss richtig beladen sein. Diese Tipps helfen dir dabei:

» Überprüfe im Fahrzeugschein, wie viel Extragewicht dein Fahrzeug beladen darf. Als Zuladung gelten sowohl die Personen im Fahrzeug als auch das Gepäck. Beim Einsatz einer Dachbox ist die Traglast des Dachs zu beachten.

» Überprüfe, ob durch die Zuladung ein Nachjustieren der Scheinwerfer nötig ist.

» Pack Schweres nach unten und Leichtes nach oben, damit der Schwerpunkt des Wagens möglichst tief liegt.

» Sichere deine Ladung im Zweifel mit Gurten.

» Sportgeräte wie Fahrräder oder Skier immer außerhalb transportieren.

» Achte darauf, dass deine Sicht nicht beeinträchtigt wird und du immer einen guten Blick durch die Heckscheibe hast. Lässt sich das nicht einrichten, musst du unbedingt überprüfen, ob du noch genügend Überblick über den Straßenverkehr hast und keine neuen toten Winkel entstehen. Im Zweifel kannst du dir mit einem zusätzlichen Außenspiegel weiterhelfen.

» Kein Gepäck im Fußraum oder im Bereich von Schaltung und Bremse verstauen.

» Achte darauf, dass Warndreieck, Warnwesten und Verbandskasten stets gut erreichbar sind.

FAHRZEUGBELADUNG

In Deutschland und in den meisten europäischen Ländern gilt als Höchstwert für die Breite 2,55 m, für die Höhe 4 m, für die Länge des Anhängers 12 m und für die Gesamtlänge (PKW und Anhänger) 18 m.

SEITLICH ÜBERSTEHENDE LADUNG:

Die Gesamtbreite darf mit Ladung maximal 2,55 m betragen. Die Sicht über die Außenspiegel darf durch die Ladung nicht verdeckt sein.

NACH VORN ÜBERSTEHENDE LADUNG:

Die Ladung darf bis zu einer Höhe von 2,50 m nicht nach vorn über das Fahrzeug hinausragen. Ab einer Höhe von 2,50 m darf sie bis zu 50 cm über das Fahrzeug hinausragen.

NACH HINTEN ÜBERSTEHENDE LADUNG:

Auf Fahrstrecken bis 100 km darf die Ladung um bis zu 3 m nach hinten hinausragen. Ab 100 km Wegstrecke darf sie maximal 1,50 m hinausragen.

HINWEIS: AB 1 M MUSST DU NACH HINTEN ÜBERSTEHENDE LADUNG KENNTLICH MACHEN.

– KAPITEL 21 –

Theorieprüfung
IST DOCH EASY!

Ein DEKRA-Prüfer hat einmal gesagt: »Von allen Prüfungen, die ein Mensch in seinem Leben durchlaufen muss – sei es das Schwimmabzeichen, die Fahrradprüfung, die Schulabschlussprüfung, das Studium oder der Berufsabschluss – ist die theoretische Führerscheinprüfung die einfachste. Warum? Weil man vorher weiß, was drankommt. Die theoretische Führerscheinprüfung ist eine reine Lernprüfung.«

Das kann man jetzt gut oder schlecht finden. Aber es heißt vor allem, dass du dir die Prüfung um einiges erleichtern kannst, wenn du folgende Tipps befolgst.

DIE THEORIEPRÜFUNG

» Erzähl am besten niemandem, wann du die Prüfung hast. So machst du dir weniger Druck – und die Ratschläge der anderen helfen dir eh nicht.

» Geh ausgeruht und nicht mit leerem Magen zur Prüfung.

» Hör auf dein Bauchgefühl. Bei der Beantwortung der Prüfungsfragen ist der erste Gedanke immer der beste.

» Schalte dein Handy zur Theorieprüfung aus.

Den Rekord an nicht bestandenen theoretischen Prüfungen hält eine 28-Jährige aus London-Southwark. Sie scheiterte 110 Mal an den Multiple-Choice-Fragebögen. Knapp dahinter auf dem zweiten Platz: Ein 30-Jähriger aus dem kanadischen Peterborough, der ganze 86 Mal durchfiel. Den dritten Platz belegt ein 41-jähriger Mann aus Birmingham, der die Prüfung beim 80. Mal schaffte.

DIE THEORIEPRÜFUNG

Wie oft werden die Prüfungsfragen geändert?

Jedes Jahr im April und im Oktober gibt es neue Prüfungsfragen.

Was passiert, wenn ich die Theorieprüfung nicht bestehe?

Davon gehen wir erst mal nicht aus. Sollte es dennoch passieren, hast du 14 Tage Sperrfrist und kannst deine Theorieprüfung dann wiederholen.

Wie schwer ist die Theorieprüfung?

Die Theorieprüfung ist die einfachste Prüfung in Deutschland. Die Fragen aus deiner LernApp kommen 1:1 in der Prüfung dran. Wichtig ist, dass du dir ein Ziel setzt, bis wann du die Theorieprüfung abgeschlossen haben willst. Deinen Weg zum Ziel kannst du dir zum Beispiel wöchentlich einteilen – pro Woche ca. 200 Fragen ...

Wie lerne ich richtig?

Lerne in deiner Fahrschul-App erst das komplette Grund- und Zusatzwissen. Korrigiere anschließend alle falschen Fragen. Beginne erst danach mit den Prüfungssimulationen. Prüfungsreif bist du, wenn du 15 Prüfungssimulationen hintereinander bestanden hast.

FÜR SCHÜLER, DIE MOTIVATION
ZUM LERNEN BRAUCHEN:

– KAPITEL 22 –

Wenn Tim A sagt, muss er auch B können

MIT TEMPOMAT AUF DER AUTOBAHN

Tim war ein Fahrschüler der eher grobmotorischen Sorte. Ein Tempomat, der die Geschwindigkeit hält, sodass man nicht mal mehr schalten oder bremsen muss, war für jemanden wie ihn also genau die richtige Lösung auf der Autobahn.

Bei per Verkehrszeichen vorgeschriebenen 100 km/h ging es für Tim in der Vorprüfung über die rechte Spur der Autobahn gemächlich in Richtung der nächsten Ausfahrt, als in gut 400 Metern Entfernung ein Reisebus auftauchte. Tim wollte in der Vorprüfung natürlich nichts anbrennen lassen und schaltete den Tempomat ein – ganz zur Verwunderung von Fahrlehrer Marco.

Der Reisebus kam langsam näher und Tim wurde sichtlich nervöser, denn das Auto näherte sich zwar langsam, aber doch mit der konstanten Geschwindigkeit von 100 km/h dem Bus – und Tim wusste nur, wie der Tempomat an-, aber nicht, wie er wieder ausging!

Bei einem Abstand von weniger als 80 Metern zum Bus kam Tim dann ins Schwitzen. Hektisch suchte er am Armaturenbrett nach dem »Tempomatausschalter«.

»Scheiße, wie geht das wieder aus!?«

Noch 50 Meter bis zum Bus, dann trat Marco auf die Bremse und man hörte nur noch einen langgezogenen Piepton. Die Vorprüfung war natürlich gelaufen, aber letztlich bestand er die richtige praktische Prüfung beim ersten Mal.

Mit gut 962 Kilometern Länge ist die A7 die längste Autobahn Deutschlands. Sie hat 205 Rastplätze, von denen 47 bewirtschaftet sind. Die A7 wird von insgesamt 1074 Brücken gekreuzt und hat 140 Auf- und Abfahrten.

– KAPITEL 23 –

Softeis
MIT KETCHUP

Als wir nach einem langen Tag mit unseren frischgebackenen Fahrschülern HeyAaron!!!, Kuhlewu und dem Drehteam in unserem Restaurant bei Pizza, Pasta und Salat zusammensaßen und uns über die Tagesereignisse austauschten, sprachen wir auch über neue Social-Media-Ideen: Was ist gerade angesagt? Was wird Cooles ausprobiert? Was wird derzeit gehypt?

Timo, der Techniker aus der HeyAaron!!!-Truppe, kam mit der Idee um die Ecke, man könne doch mal eine Fahrstunde per Livestream auf YouTube übertragen. Das Besondere: Nicht der Fahrlehrer, sondern die Community bestimmt, wo es langgeht.

»Nächste links, bitte!«, »Den Kreisverkehr an der dritten Ausfahrt verlassen!« oder »Jetzt bitte in den Drive-in-Bereich des nächsten Schnellrestaurants fahren!« – all diese Fahrlehrer-Kommandos würden die Zuschauer per Kommentar geben. Mit einem Pulsmesser könne man außerdem in Echtzeit verfolgen, wie hoch das Stresslevel von Fahrschüler und -lehrer ist.

Wir waren sofort von Timos Idee geflasht, bestellten noch am Freitag die notwendige Technik, verbauten sie am Samstag im Fahrzeug und waren am Sonntagmorgen bereit, mit der ersten Livestream-Fahrstunde überhaupt Geschichte zu schreiben.

Unser Fahrschüler Jonas setzte sich hinters Lenkrad, ich nahm als Fahrlehrer auf dem Beifahrersitz Platz, und Nancy hielt auf der Rückbank mithilfe von Laptop, zwei Kameras und Internetverbindung den Kontakt zur Community, die trotz unserer frühen Fahrt an einem Sonntagmorgen von Minute zu Minute wuchs. Schnell waren mehr als 700 Leute im Livestream, die ab sofort die Richtung vorgaben.

Nancy hatte noch nicht gefrühstückt – und irgendwie Lust auf Fast Food. Also ließ sie kurzerhand die Community entscheiden, bei welchem Drive-in-Schalter wir unsere Bestellung aufgeben sollten. Was bestellt wurde, durfte die Community natürlich auch bestimmen. Bestellen musste dann allerdings Jonas.

»Herzlich willkommen, Ihre Bestellung bitte?«, tönte es aus der Gegensprechanlage.

»Ein Softeis mit Ketchup, bitte!«, gab Jonas zögerlich die Bestellung auf.

Stille in der Gegensprechanlage. Dann ein Räuspern.

»Bitte? Können Sie das noch mal wiederholen? Ich glaube, ich habe Sie nicht richtig verstanden.«

»Ein Softeis mit Ketchup, bitte! Unsere Community hat das bestellt.«

Bei dem Begriff Community fiel der Groschen am anderen Ende der Leitung.

»Ihr habt wohl gerade eine Challenge laufen, was? Von mir aus mach ich euch auch ein Softeis mit Ketchup!«

Nachdem Jonas das Bestellte entgegengenommen hatte, war es meine Aufgabe, diese ganz besondere Fast-Food-Kreation zu kosten. Aber mehr als einen kleinen Löffel bekam ich nicht runter. Mein live in den Stream übertragener Puls, der während der Fahrstunde zwischen 70 und 80 lag, schoss bei der Ketchup-Eis-Verkostung kurz mal über 100!

Da unsere Community nur so vor Kreativität strotzte, lautete der nächste Fahrbefehl, das angefangene Eis doch bitte nicht wegzuschmeißen, sondern unserem Fahrlehrer Udo, den die meisten aus unseren Videos bereits kennen dürften, nach Hause zu liefern. Der freute sich zwar, uns zu sehen – aber dass ihm das Eis nicht schmeckte, konnte man auch ohne Live-Pulsmessung deutlich sehen!

FÜR SCHÜLER, DIE SICH DEN UNTERSCHIED VON GRÜNPFEIL UND GRÜNPFEILSCHILD NICHT MERKEN KÖNNEN:

GRÜNER PFEIL IST GEIL, DOCH IST ER AUS BLECH, HAST DU PECH.

– KAPITEL 24 –

Technik,
DIE AUCH DEN PRÜFER BEGEISTERT!

Seit 2020 haben wir im FischerDorf einen Neuzugang, auf den wir besonders stolz sind. Ein Lkw auf dem neuesten Stand der Technik, ausgestattet mit allem, was das Herz begehrt – außer mit Rückspiegeln, zumindest denen der klassischen Sorte. Bei den modernsten Modellen sind die Spiegel durch Kameras und Bildschirme ersetzt und im Inneren des Fahrzeugs verbaut. Der Vorteil: Die Kameras liefern einen viel größeren Überblick über das Geschehen hinter dem Fahrzeug und außerdem wird das Sichtfeld für den Fahrer nach vorne deutlich vergrößert.

Eine Ausstattung, die aber längst noch nicht serienmäßig verbaut ist. Das wusste auch der Prüfer, der staunend im Lkw-Cockpit Platz nahm. Erst schaute er nur neugierig, dann fragte er jedes noch so kleine Detail ab, während Fahrschüler Max den Lastzug durch den Verkehr lenkte.

Als der Prüfer Max nach nicht mal 15 Minuten bat, bei der nächsten Möglichkeit doch bitte rechts ranzufahren, dachte der, dass er seinen Führerschein vergessen könne.

Aber falsch gedacht. Kaum stand der Lkw, bat der Prüfer den völlig verdutzten Max, doch bitte mal mit ihm den Platz tauschen zu dürfen. Mit der Begeisterung eines kleinen Kindes begutachtete der Prüfer die Spiegelkamera, startete den Wagen und brachte die Prüfung kurzerhand selbst zu Ende. Natürlich ganz zur Freude von Max.

FINGER WEG VOM HANDY

So verlockend es auch ist: Alle externen technischen Gerätschaften, die nicht der Navigation dienen, dürfen während der Fahrt und bei laufendem Motor nicht bedient werden – auch dein Handy nicht.

– KAPITEL 25 –

Die Kreis-, ÄÄÄH, UMLUFTTASTE

Es war die letzte Überlandfahrt, in zwei Tagen hatte der Fahrschüler, dessen Namen wir lieber nicht nennen, seine praktische Prüfung mit Marco, unserem Internatspapa. Der Fahrschüler schaute während der Fahrt erstaunt auf das Armaturenbrett.

»Sag mal, was ist das für eine Taste da vorn? Die hast du mir noch gar nicht erklärt«, fragte der Schüler und zeigte auf die Klima-Umluft-Taste mit den beiden kreisrunden Pfeilen.

»Na, das erkennst du doch an den beiden runden Pfeilen – das ist die Kreisverkehr-Taste«, sagt Marco scherzhaft. »Kannst gleich hier vorne mal ausprobieren. Du musst nur die Taste drücken und dann kannst du in den Kreisverkehr einfahren.«

Der Fahrschüler fuhr auf den Kreisverkehr zu, drückte die Umlufttaste, bog in den Kreisverkehr ein und verließ ihn an der zweiten Ausfahrt wieder.

»Muss ich die Taste jetzt wieder ausmachen?«

»Na klar.«

Für Marco war die Sache damit erledigt, war ja nur ein Scherz – und zwar einer, den der Fahrschüler mindestens genauso witzig wie Marco selbst fand. Sonst hätte er ja nicht ohne mit der Wimper zu zucken mitgespielt.

>»*Sagen Sie mal, stinke ich etwa?*«

Aber dann stand der Tag der praktischen Prüfung vor der Tür – und beim Einfahren in den Kreisverkehr drückte der Fahrschüler zum Erstaunen von Marco doch tatsächlich wieder die Umlufttaste. Und beim nächsten Kreisverkehr gleich noch mal!

Im Auto wurde es immer stiller. Auch das Gespräch zwischen Fahrlehrer und Prüfer verstummte mehr und mehr. Aber kein Grund zur Sorge: Die Prüfung wurde trotz – oder vielleicht auch wegen – der Betätigung der vermeintlichen Kreisverkehr-Taste bestanden. Wieder auf dem DEKRA-Gelände angekommen, nahm der Prüfer jedoch Marco noch einmal beiseite.

»Sagen Sie mal, stinke ich etwa? Oder warum hat Ihr Schüler ständig die Umlufttaste gedrückt?«

Erleichterung bei Marco, der im Anschluss nicht nur den Prüfer, sondern auch seinen Fahrschüler aufklärte.

WOFÜR UMLUFT?

Die Umlufttaste hat die Funktion, die Frischluftzufuhr im Auto zu unterbrechen und die vorhandene Luft im Fahrzeuginnenraum umzuwälzen. Durch Betätigen der Taste wird bei Geruchsbelästigungen in langen Tunneln, bei Staus oder in sonstigen Situationen vermieden, dass schmutzige Außenluft ins Innere gelangt.

BEACHTE

Wenn zu lange kein Austausch der verbrauchten Luft im Fahrzeuginnenraum stattfindet, reichert sich die Luft im Auto mit CO_2 an, was zu starken Müdigkeitserscheinungen und später auch zu weiteren Problemen führen kann.

FÜR SCHÜLER, DIE IMMER WIEDER VERGESSEN, DASS MAN AM STOPPSCHILD HALTEN MUSS:

WILLST DU NICHT HALTEN UND IN DEN ERSTEN SCHALTEN, WIRD DER PRÜFER DEINEN FÜHRERSCHEIN BEHALTEN.

– KAPITEL 26 –

Kidd rappt sich DURCH DIE FAHRSTUNDE

FAHRSTUNDE MIT KIDD

Machen wir uns nichts vor: Autofahren ist ziemlich cool. Das sagen nicht nur wir als Fahrschule, sondern auch die Rapper. In jedem zweiten Song gehts um die neuesten Sportwagen mit jeder Menge PS. In den dazugehörigen Musikvideos sieht man die Rapper die Luxusschlitten dann lässig und meist einhändig durch die Gegend steuern, während sie ihre Songs zum Besten geben.

Als Rapper Kidd bei uns seinen Führerschein machen wollte, gingen wir fest davon aus, dass er in der ersten Fahrstunde gleich den Ellenbogen aus dem Fenster halten und die Anlage ordentlich aufdrehen würde. Aber Fehlanzeige.

Gut, ganz konnte Kidd das mit dem Rappen dann doch nicht lassen, startete während der Fahrstunde mit Fahrlehrer Marco den Beat zu seinem Song »Sensor« und performte, während er den Wagen entspannt durch den Straßenverkehr lenkte. Selbstverständlich blieb die Musik dabei auf einer angenehmen Lautstärke. Und auf die coolen Moves aus seinen Videos musste Kidd auch verzichten – schließlich gehören bei der Fahrt beide Hände ans Lenkrad.

MUSIK HÖREN IM STRAßENVERKEHR

» Du kannst während der Autofahrt gerne Musik hören. Ob über die Anlage deines Pkw oder über Kopfhörer ist dabei egal.

» Achte darauf, dass die Musik nur so laut ist, dass du noch alle Geräusche des Straßenverkehrs mitbekommst.

> Für zu laute Musik, die den Straßenverkehr beeinträchtigt, gibt es ein Verwarnungsgeld. Das gilt auch, wenn du wegen der Musik einen Polizei- oder Krankenwagen überhörst und keinen Platz machst.

> Such dir am besten schon vor der Fahrt eine Playlist aus, denn wenn du während der Fahrt nach deinem Handy greifst, kann das teuer werden.

Das erste Autoradio wurde bereits 1929 in Amerika erfunden. Drei Jahre später hielt es auch in Deutschland Einzug. Das »Autosuper AS 5« wog stattliche 15 Kilo und war größer als ein Schuhkarton, weshalb es nicht im Armaturenbrett, sondern im Fußraum des Autos montiert wurde.

FÜR SCHÜLER, DIE IHRE GESCHWINDIGKEIT DEN WITTERUNGSVERHÄLTNISSEN ANPASSEN MÜSSEN:

IST DIE STRASSE NASS, FUSS VOM GAS. IST DIE STRASSE TROCKEN, DRAUF DEN SOCKEN.

– KAPITEL 27 –

Der nasse Fahrersitz

UND ANDERE ABSURDE MOMENTE AUS DEM FISCHERDORF

Manche der Geschichten, die sich hier bei uns im FischerDorf zutragen, passieren buchstäblich zwischen Tür und Angel. Deshalb folgt an dieser Stelle ein kleines Best-of der absurdesten FischerDorf-Momente.

VERKEHRSKONTROLLE MIT VISIER UND BRETT VOR DEM KOPF

In eine Verkehrskontrolle kommen wir als Fahrschule eher selten. Wie für alle anderen Verkehrsteilnehmer auch, ist für die Beamten klar erkennbar, dass es sich bei unserem Auto um ein Fahrschulfahrzeug handelt. Auch Motorradfahrschüler sind als solche erkennbar – sollte man zumindest meinen. Unser Fahrschüler Simon wurde dennoch angehalten. Erste Verkehrskontrolle überhaupt, dann noch in der Fahrstunde und ohne helfenden Fahrlehrer auf dem Beifahrersitz klappte Simon nervös das Visier hoch.

»Muss ich absteigen?«

»Na, es reicht, wenn Sie sitzen bleiben und Ihren Helm absetzen!«

IN DEUTSCHLAND BESTEHT SEIT 1976 HELMPFLICHT FÜR MOTORRADFAHRER, SEIT 1978 AUCH FÜR MOPED- UND MOKICKFAHRER – UND FÜR ALLE MITFAHRENDEN AUCH.

MIT VOLLGAS AUF DEN FELDWEG

Solange der Prüfer nichts sagt, fährt man geradeaus. Eigentlich ganz einfach, oder? Für Fahrschüler Alex scheinbar nicht. Bei seiner Prüfung ging es runter vom DEKRA-Gelände, rauf auf die Hauptstraße und raus aus der Stadt. Von da an schwieg der Prüfer. Nach ein paar Hundert Metern schnurgerader Landstraße machte die Fahrbahn einen leichten Knick nach rechts. Und Alex? Der folgte nicht etwa der Straße, sondern lenkte den Wagen stur geradeaus auf den Feldweg – und anschließend wieder rückwärts auf die eigentliche Prüfungsstrecke.

AUF ÖFFENTLICHEN FELDWEGEN GILT DIE STRASSENVERKEHRSORDNUNG. KREUZEN SICH FELDWEGE, GILT RECHTS VOR LINKS. WER VON EINEM FELDWEG WIEDER ZURÜCK AUF DIE STRASSE WILL, HAT DEM VERKEHR AUF DER STRASSE VORFAHRT ZU GEWÄHREN. ES GIBT KEINE ALLGEMEINE GESCHWINDIGKEITSBEGRENZUNG AUF FELDWEGEN, ALLERDINGS KÖNNEN ZUSATZSCHILDER EIN TEMPOLIMIT FESTLEGEN.

EINBAHNSTRAẞE VERKEHRT HERUM

Ähnlich wie Alex erging es Fahrschülerin Lisa. Nach gut fünf Minuten bat der Prüfer sie, bei der nächsten Möglichkeit links abzubiegen. Gesagt, getan. Das Problem: Lisa lenkte den Wagen – zum Glück im Schritttempo – verkehrt herum in eine klar und deutlich gekennzeichnete Einbahnstraße.

Einbahnstraßen gibt es nicht nur im gewöhnlichen Straßenverkehr. Auch in der Pariser U-Bahn finden sich zwecks Umleitung großer Personenströme Gänge für Passagiere, in denen man nur in eine Richtung gehen darf. 2018 wurde ein Fall bekannt, bei dem eine Frau für das Gehen in die falsche Richtung 60 Euro zahlen musste.

GEFAHRENBREMSUNG MAL ANDERS

Fahrlehrer Marco wollte mit Fahrschülerin Celine die Gefahrenbremsung üben. Also ging es in eine Seitenstraße im Gewerbegebiet. Celine beschleunigte auf 50 km/h, Marco bereitete sich körperlich schon mal auf den gleich folgenden Ruck vor. Nur: Der blieb aus. Denn Celine verwechselte Gas und Bremse und der Wagen beschleunigte stattdessen auf satte 70 km/h, ehe die völlig verdutzte Celine endlich in die Eisen ging.

KUPPLUNG, BREMSE UND GAS SIND IN JEDEM AUTO GLEICH ANGEORDNET. DENNOCH SOLLTEST DU DIE GEFAHRENBREMSUNG AUCH MIT DEINEM EIGENEN FAHRZEUG ÜBEN, SCHLIESSLICH REAGIERT JEDES FAHRZEUG ANDERS.

DER NASSE FAHRERSITZ

Manche Fahrschüler sind so aufgeregt, dass sie ganz vergessen, vor der Fahrstunde auf die Toilette zu gehen. Und so kann es schon mal vorkommen, dass das kleine Geschäft leise, still und heimlich während der Fahrstunde im Auto erledigt wird. So passiert bei unserem Fahrlehrer Olli.

DIE SPRACHSTEUERUNG AM LENKRAD

Früher war die Sache klar: Es gibt einen Schlüssel und mit dem startet man den Motor eines Fahrzeugs. Aber in Zeiten von Startknöpfen, Smartphones und all den anderen technischen Neuerungen, die auch vor einem Auto keinen Halt machen, kann man schon mal ins Grübeln kommen. So wie unser Fahrschüler, der es partout nicht hinbekam, das Auto zu starten. Ständig vergaß er etwas.

»Hier, du musst in das BMW-Zeichen auf dem Lenkrad reinsprechen«, meinte Fahrlehrer Dennis irgendwann zu ihm. »Und zwar deinen vollen Namen, dein Geburtsdatum sowie Größe und Gewicht.«

Unser Fahrschüler beugte sich doch tatsächlich zum Lenkrad und zählte brav alle persönlichen Eckdaten auf. Mario drückte genau im richtigen Moment die Kupplung auf seiner Seite des Autos durch und, siehe da, das Auto ging an. Ein kleiner Spaß, den Mario aber nur zwei Tage lang durchhielt, ehe er den völlig verdutzten Fahrschüler aufklärte.

TIPPS FÜR EIN SAUBERES AUTO

» Schnapp dir eine Tüte und wirf den gesamten Abfall hinein.

» Mit einem Lappen und Wasser reinigst du alle abwischbaren Flächen im Auto wie etwa das Lenkrad, die Bedienelemente, Türgriffe und Gurtschlösser.

» Wichtig ist, dass du die Scheiben nicht nur von außen, sondern auch von innen putzt, um sie von Fingerabdrücken, Staub und anderen Ablagerungen zu befreien.

» Sauge die Sitze und den Boden des Fahrzeugs ab.

» Die Fußmatten werden erst ausgeklopft und anschließend abgesaugt.

» Gerne vergessen wird der Kofferraum – auch er wird ausgeräumt und gesaugt.

» Die Gummidichtungen am Fahrzeug kannst du mit einem weichen Tuch und Wasser von Schmutz und Dreck befreien. Wer mag, kann die Dichtungen mit einem speziellen Pflegestift bearbeiten – ein einfacher Lippenpflegestift tut es aber auch.

» Auch die Lüftung muss gereinigt werden.

» Wenn du mit dem Innenraum fertig bist, ist das Auto von außen dran – also ab in die Waschanlage!

DIESE DINGE SOLLTEST DU IM AUTO IMMER DABEIHABEN:

» Eine Tasche oder einen Korb für spontane Einkäufe oder zum Transportieren von kleinen Dingen.

» Kleine Mülltüten, um deinen Abfall direkt zu entsorgen.

» Handwaschlotion für schnelles Händewaschen zwischendurch.

RECHTSKURVE VOLL NACH LINKS

Peter und seine Fahrschülerin Lene fuhren entspannt außerhalb der Ortschaft. Als die Landstraße einen Knick nach rechts machte, lenkte Lene aber nicht in Fahrtrichtung, sondern aufgrund ihrer Rechts-links-Schwäche genau in die entgegengesetzte Richtung – und zwar über die Fahrbahn des Gegenverkehrs mit voller Wucht in ein Maisfeld. Passiert war zum Glück nichts, aber der Schreck saß tief.

RECHTS-LINKS-SCHWÄCHE

» Eine einfache Eselsbrücke: Als Fahrschüler sitzt du immer links, dein Fahrlehrer rechts – alles andere würde wenig Sinn machen.

» Male dir auf deine rechte Hand ein »R« und auf deine linke Hand ein »L« – und schau drauf, falls du mal zweifeln solltest.

Wer rechts und links verwechselt, ist damit nicht allein: 20 bis 30 Prozent der Menschen haben Probleme damit, die beiden Richtungen eindeutig zu unterscheiden. Übrigens: Viele Naturvölker kennen die Zuweisung gar nicht, sondern orientieren sich hauptsächlich an den Himmelsrichtungen.

FAHREN WIE AUF WOLKEN – DIE BETRIEBSSICHERHEIT

Betriebssicherheit kann man sich am besten mit dem Wort »WOLKE« merken. Die Buchstaben des Wortes stehen dabei für die fünf zu überprüfenden Punkte eines Autos, bevor die Fahrt beginnen kann.

W – *steht für Wasser wie Kühlflüssigkeiten oder Scheibenwischwasser*
O – *steht für Ölstand im Motor*
L – *steht für Luftdruck im Reifen*
K – *steht für Kraftstoff im Tank*
E – *steht für Elektrik, Beleuchtung & Blinker*

Wenn du aus »WOLKE« das Wort »WOLKEN« machst, steht das »N« für Notfallset.

SCHWARZFAHREN IM KOPF

Jeder kennt die Bilder aus dem Fahrerlager, wenn vor dem Formel 1-Rennen, die Fahrer wie Sebastian Vettel oder Louis Hamilton mit geschlossenen Augen sitzend auf einem Hocker, konzentriert jede Kurve, jeden Schaltvorgang der Rennstrecke mental im Kopf wie ein Film abspulen. Sie trainieren mental alle wiederkehrenden Algorithmen.

Algorithmen gibt es auch in der Führerscheinausbildung. Jede Fahrstunde setzt sich aus folgenden wesentlichen Bedientätigkeiten, die wir für Dich aufgearbeitet und grafisch gestaltet haben.

VORBEREITUNG ZUR FAHRT – ANFAHREN – HOCHSCHALTEN – HERUNTERSCHALTEN – ANHALTEN

Die Algorithmen zu beherrschen nennen wir »Schwarzfahren im Kopf«. Mindestens 2-3 Fahrstunden kannst Du einsparen wenn Du das »Schwarzfahren im Kopf« beherrschst.

ENTSPANNTES FAHREN KANNST DU TRAINIEREN!

– KAPITEL 28 –

Die Deppen vom Jagdberg-Tunnel

Damit unsere Fahrschüler im FischerDorf auch abseits der eigentlichen Unterrichtsstunden noch ein bisschen an ihren praktischen Skills arbeiten können, bieten wir ihnen die Möglichkeit, den **FÜHRERSCHEIN GURU**, eine Art Videokurs für Fahranfänger, zu benutzen.

Der Guru kennt alle potenziellen Prüfungsstrecken in der Umgebung. Warum? Weil wir sie abgefahren sind und dabei eine Kamera haben laufen lassen. Außerdem kennt der **FÜHRERSCHEIN GURU** so ziemlich jede brenzlige Verkehrssituation, weil wir auch diese mit der Kamera aufgenommen haben.

Um unsere Fahrschüler wirklich auf alle im Straßenverkehr erdenklichen Katastrophen vorzubereiten, wollten wir auch ein Video zu Gefahren im Tunnel – von einfachen Pannen über Unfälle bis hin zu Feuer – drehen. Denn das einzig existente Lehrvideo zum Thema Tunnel hatte schon gute 20 Jahre auf dem Buckel!

Also ging es für mich, Marco und Björn in den Jagdbergtunnel bei Jena, wo wir drei erklären wollten, wie man sich im Tunnel für gewöhnlich, aber vor allem auch im Notfall, verhalten sollte – dass wir dabei selbst zum Notfall wurden, war so nicht geplant.

Wir fuhren also zum besagten Tunnel und parkten das Auto in der Pannen- bzw. Haltebucht. Allerdings ohne darüber nachzudenken, was passiert, wenn ein Fahrzeug – aus welchem

IMMER MITTEN DRIN STATT NUR DABEI: NANCY

Grund auch immer – in die Pannenbucht eines Tunnels einfährt: Es werden umgehend die notwendigen Fahrstreifen gesperrt und alle Verkehrsteilnehmer im Tunnel darüber informiert, dass sich ein Pannenfahrzeug im Tunnel befindet.

Die Verkehrspolizei wurde selbstverständlich auch automatisch gerufen und kreuzte keine vier Minuten später am Ort des Geschehens auf. Die Beamten hatten natürlich wenig Verständnis für die Situation. Der Hohn und Spott der Presse war uns in den nächsten Tagen sicher …

»Lehrfilm-Team bei Verkehrsverstößen im Tunnel selbst gefilmt«, titelte die Thüringer Allgemeine. »Hier erwischt die Polizei zwei Tunnel-Deppen«, stand es groß in der BILD-Zeitung. Und in der Ostthüringer Zeitung war zu lesen: »Wegen Filmaufnahmen im Jagdbergtunnel gestoppt: Geraer Fahrschule will Konsequenzen tragen«.

Natürlich steckten wir als Fahrschule nicht den Kopf in den Sand, entschuldigten uns, stellten einen Antrag auf Drehgenehmigung und brachten unser Vorhaben somit doch noch zu Ende.

FAHREN IM TUNNEL

- » Schalte das Abblendlicht ein.
- » Setze gegebenenfalls deine Sonnenbrille ab.
- » Schalte das Radio ein und den Verkehrsfunk an.
- » Halte immer die zulässige Höchstgeschwindigkeit und einen ausreichenden Abstand zum Vordermann ein.
- » Achte auf Ampeln und Verkehrszeichen.
- » Präge dir die Lage von Sicherheitseinrichtungen wie Notausgängen und Notrufstationen ein.
- » Lass den Autoschlüssel stecken, falls du das Fahrzeug zum Beispiel bei einem Brand verlassen musst. Die Feuerwehr muss in der Lage sein, dein Fahrzeug wegzufahren.
- » Das Wenden im Tunnel ist verboten.
- » Bei einem Stau oder einer Panne im Auto warten.

— KAPITEL 29 —

Wenn das Handy in der Prüfung klingelt

UPS, MANUEL

Die Prüfungsfahrt unseres Fahrlehrers Winni verlief entspannt. Sein Fahrschüler Manuel beherrschte das Fahrzeug ohne Probleme. Nur noch eine Kreuzung, dann dürfte die Prüfung geschafft sein. Prüfer, Fahrschüler und Fahrlehrer standen an der roten Ampel und warteten darauf, dass es grün wurde – als plötzlich das Handy von Manuel klingelte!

Instinktiv griff Manuel nach seinem in der Mittelkonsole liegenden Handy. Wie vom Blitz getroffen schlug Fahrlehrer Winni ihm das Handy aus der Hand und ließ es ebenso schnell in der Seitentasche seiner Jacke verschwinden. Alles wohlgemerkt im Beisein des Prüfers, der zum Glück aber gerade gedankenverloren aus dem Fenster schaute.

»War das mein Handy, das da gerade geklingelt hat?«, fragte er verdutzt.

»Meins ist ausgeschaltet und der Fahrschüler hat seins nicht mit«, antwortete Winni wie aus der Pistole geschossen.

Die Prüfung ging danach erfolgreich zu Ende. Allerdings nicht, ohne dass der Prüfer noch einmal das Gespräch mit Winni suchte.

»Also, das Handy, das da eben im Auto geklingelt hat, war nicht von mir«, sagte er augenzwinkernd. »Meines liegt nämlich im Büro auf dem Schreibtisch.«

HANDYNUTZUNG AM STEUER

Bei der theoretischen und praktischen Prüfung bleibt das Handy natürlich ausgeschaltet. Beim anschließenden Führen eines Fahrzeugs darf dein Handy zwar eingeschaltet sein, bedienen darfst du es aber nicht. Im deutschen Straßenverkehr herrscht nämlich absolutes Handyverbot. Willst du telefonieren, solltest du eine Freisprecheinrichtung benutzen. Übrigens darfst du das Handy auch an einer roten Ampel nicht bedienen.

– KAPITEL 30 –

Freundship
UND DIE ETWAS ANDERE FAHNE

BRUMMI FAHREN MIT FREUNDSHIP

Seien wir mal realistisch. Ein Auto ist keine weitläufige Bahnhofshalle. Das Fahrzeug kann noch so geräumig sein: Schüler, Lehrer – und im Zweifel auch der Prüfer – sitzen relativ dicht beieinander – und können sich riechen.

Einer unserer Fahrlehrer ist leidenschaftlicher Knoblauchfan. Nach einem ausgiebigen Festmahl beim Griechen um die Ecke fiel ihm ein, dass am nächsten Tag ja eine Prüfungsfahrt anstand! Höflich, wie er ist, sagte er seinem Fahrschüler Freundship schnell Bescheid – und der beschloss, selber noch ein paar Zehen in seinem Abendessen unterzubringen.

> *»Die Moral von der Geschicht'? Iss Knoblauch und der Prüfer fährt mit dir nicht!«*

Am nächsten Morgen trafen sich die beiden vor der Prüfung noch zu einer kurzen Übungsfahrt. Draußen war Winter und die Fenster blieben temperaturbedingt geschlossen, während Schüler und Lehrer ein paar Runden drehten. Ganz zum Leidwesen des Prüfers, der wenig später die Tür öffnete, um einzusteigen, sich es im letzten Moment aber doch noch anders überlegte. Stattdessen vollzog er die Abfahrtskontrolle besonders gründlich und schlich nicht nur ein- oder zwei-, sondern eher drei- oder vielleicht sogar viermal um das Fahrzeug. Von den 60 Minuten Prüfungszeit waren schlussendlich nur noch 20 Minuten übrig, die dann aber besonders akribisch kontrolliert wurden.

Und die Moral von der Geschicht'? Iss Knoblauch und der Prüfer fährt mit dir nicht!

— KAPITEL 31 —

Die Fahrprüfung im Wandel

Die Führerscheinausbildung hat sich mit der Zeit ganz schön gewandelt. Zu Zeiten meiner ersten Stunde als Fahrlehrer 1988 in der DDR gab es noch keine YouTuber, Facebooker und Instagrammer. Wie auch? Es gab ja kein Internet, geschweige denn Computer oder Smartphones, mit denen man es hätte nutzen können.

Überhaupt war alles noch ein bisschen anders: Die Fahrschüler durften ihre Fahrausbildung im öffentlichen Straßenverkehr erst dann absolvieren, wenn sie vorher den Theorieunterricht, eine Ausbildung am Fahrtrainer sowie den Übungsplatz abgearbeitet hatten. Der Fahrsimulator war ein nachgebautes Fahrzeugirgendwas.

In der Fahrschule standen sechs Fahrtrainer im Raum, in denen die Schüler saßen und auf die Wand vor ihnen starrten, auf der ein Film lief, dem man hinterherfahren musste. Das Problem: Fuhr der Film nach rechts und der Schüler nach links, fuhr der Film trotzdem nach rechts weiter. Technisch gesehen war das natürlich ein Fahrsimulator 0.0. Aber ich glaube, dass die Simulatorenausbildung besonders in der heutigen Zeit dabei hilft, die eine oder andere Hürde bei der Fahrzeugbedienung zu überwinden.

Über 30 Jahre später sieht alles ein bisschen anders aus und es gibt viel modernere Fahrsimulatoren. In unserer Fahrschule nennen wir sie die »virtuellen Fahrlehrer«, denn die Simulatoren haben nicht mehr viel mit den an die Wand projizierten Filmen von damals zu tun. Sie sind wirklich so etwas wie Fahrlehrer, erkennen die Fehler derjenigen, die sie bedienen, und sprechen sogar mit den Schülern.

»Erste Fahrstunde vorbei, Auto kaputt«

Aber zurück zu meiner ersten Stunde als Fahrlehrer: Ich verabredete mich mit meiner Schülerin Frau Schneider auf dem Übungsplatz. Ich war bestens vorbereitet und hoch motiviert, mein exzellentes Wissen aus der zehnmonatigen Vollzeit-Fahrlehrerausbildung endlich anzuwenden. Also setzten wir uns in mein Fahrschulfahrzeug, natürlich ein Trabant.

»Bitte legen Sie den ersten Gang ein, Frau Schneider«, sagte ich. »Dann langsam die Kupplung lösen und etwas Gas geben.«

Frau Schneider schien da etwas falsch verstanden zu haben. Denn statt mit viel Feingefühl die Kupplung kommen zu lassen und dabei das Gaspedal sachte anzutippen, gab sie richtig Gas und ließ die Kupplung des Trabanten schnippen.

Der Trabi schoss wie bei einem Formel-1-Start vom Übungsplatz direkt über die Straße in den dahinterliegenden Bach.

Erste Fahrstunde vorbei, Auto kaputt.

Frau Schneider schaute mich an, ich schaute sie an – und merkte, dass es ihr sichtlich peinlich war. Aber scheinbar war mein Gesichtsausdruck für sie Grund genug mir zu sagen:

»Herr Fischer, sagen Sie doch einfach Ihrem Chef, dass ich es war!«

FÜR SCHÜLER, DIE AN UNÜBERSICHTLICHEN STRECKEN ZU SCHNELL FAHREN:

WENN GRÜNE HECKEN AN DEN ECKEN DIR DIE SICHT VERDECKEN, DANN MUSST DU HALTEN UND IN DEN ERSTEN SCHALTEN.

– KAPITEL 32 –

Achtung, Vollbremsung, Vinny Piano!

UNTERWEGS MIT VINNY PIANO

Fahrstunde auf der Autobahn. Fahrlehrer Ronny war mit Fahrschüler Vinny Piano unterwegs: Angenehme 110 km/h, genug Abstand zum Vordermann. Eigentlich. Aber mit einem Mal ging der voll in die Eisen. Vinny Piano reagierte geistesgegenwärtig und legte ebenfalls eine Vollbremsung hin. Auch, wenn nichts passiert ist, eine gefährliche Situation. Denn man kann nie abschätzen, wie nah der Hintermann auffährt und ob sein Bremsweg noch ausreicht, um einen Auffahrunfall zu verhindern. Deshalb: Immer Sicherheitsabstand einhalten!

SICHERHEITSABSTAND

Als Faustregel kannst du dir immer den halben Tachostand in Metern merken. Bei Tempo 100 km/h sind das beispielsweise 50 Meter. Du kannst dich auch an den Leitpfosten orientieren, die alle 50 Meter gesteckt sind. Innerorts sind bei 50 km/h 15 Meter bzw. drei Pkw-Längen ausreichend.

— **KAPITEL 33** —

Fahrverbot MIT SOMMERREIFEN

REIFENCHECK MIT OSKAR

Überlandfahrt im September. Draußen zogen erst graue Wolken auf, dann regnete es plötzlich Bindfäden. Fahrschülerin Selma schaltete den Scheibenwischer an und hatte wieder freie Sicht. Die Fahrt konnte weitergehen. Mit einem Mal sank auch noch die Temperatur. Selma drehte die Heizung ein wenig hoch und alles war wieder okay – zumindest für den Moment. Denn mit jedem Kilometer wurde es kälter und irgendwann landeten doch tatsächlich die ersten Schneeflocken auf der Windschutzscheibe.

»Scheiße!«, rief Selma, setzte den Blinker, fuhr rechts ran, stellte den Motor ab, holte ihr Handy aus der Tasche und begann hektisch, im Internet nach der nächstbesten Werkstatt zu suchen.

»Was ist denn los?«, fragte Fahrlehrerin Miglena schmunzelnd.

»Na, guck mal raus! Wenn's jetzt schneit, brauchen wir doch Winterreifen!«

Selma und Miglena fuhren dann natürlich doch noch mit den Sommerreifen zurück ins FischerDorf. Aber grundsätzlich hatte Selma schon recht.

WAS TUN BEI EIS UND SCHNEE?

In der kalten Jahreszeit muss man als Verkehrsteilnehmer sein Fahrzeug laut Straßenverkehrsordnung an die Winterverhältnisse anpassen. Auch, was die Reifen angeht. Winterreifen sind speziell auf die niedrigen Temperaturen ausgelegt und bestehen aus einem kälteunempfindlichen Gummigemisch, das ein Verhärten der Reifen verhindert.

Wer die meisten Reifen pro Jahr herstellt? Nun, Goodyear, Bridgestone oder Michelin dürften sicherlich die bekanntesten Reifenhersteller der Welt sein. Aber die meisten Reifen produziert trotzdem der dänische Spielzeughersteller Lego – nämlich mehr als 300 Millionen im Jahr.

DIE RICHTIGEN REIFEN

Wann wechsele ich Sommer- und Winterreifen?

Grundsätzlich gilt die Von-O-bis-O-Regel: Von Oktober bis Ostern sollten sich Winterreifen auf deinem Fahrzeug befinden. Anschließend werden bis Oktober Sommerreifen aufgezogen. Zusätzlich kann man sich merken: Sommer- und Winterreifen unterscheiden sich nicht nur im Profil, sondern auch im Hinblick auf die Gummimischung. Unter sieben Grad werden Sommerreifen zu hart und greifen nicht mehr optimal. Wenn die Temperatur auch nachts dauerhaft über sieben Grad liegt, kannst du Sommerreifen aufziehen. Sinkt sie wieder unter sieben Grad, ist es Zeit für Winterreifen.

Wann brauche ich neue Reifen?

Rechtlich ist man nicht dazu verpflichtet, seine Reifen nach einer bestimmten Zeitspanne zu wechseln. Aber nach gut acht Jahren werden die Reifen porös und haften nicht mehr auf der Straße. Bist du dir nicht sicher, wie alt deine Reifen sind, wirf einen Blick auf die Reifenflanke. Dort befindet sich die DOT-Nummer (DOT = Department of Transportation). Die ersten beiden Ziffern geben die Produktionswoche, die letzten beiden das Jahr an, in dem der Reifen hergestellt wurde. Per Gesetz gilt in Deutschland eine Mindestprofiltiefe von 1,6 Millimetern, es wird jedoch empfohlen, Winterreifen bei vier Millimetern und Sommerreifen bei drei Millimetern auszutauschen.

Und was ist mit Ganzjahresreifen?

Allwetterreifen machen nur in Regionen Sinn, in denen es wenig oder gar nicht schneit und wenn man sein Fahrzeug nur selten und dann vor allem in der Stadt bewegt.

FÜR SCHÜLER, DIE NACH DEM RICHTIGEN ZEITPUNKT ZUM REIFENWECHSEL FRAGEN:

– KAPITEL 34 –

Die falsche Prüfungsstrecke
MIT VISCABARCA

Praktische Prüfung mit Abfahrtsort FischerDorf in Gera. Alle saßen auf ihren Plätzen und waren angeschnallt – es konnte also losgehen.

»Wo wohnen Sie denn?«, fragte der Prüfer den Fahrschüler ViscaBarca nicht ohne Hintergedanken.

»In der Talstraße.«

»Toll«, sagte der Prüfer, »da fahren Sie jetzt mal selbstständig hin. Ist doch eine schöne Prüfungsstrecke.«

ViscaBarca fuhr und fuhr und fuhr. Als er gerade in Richtung Autobahn abbiegen wollte, fragte der verdutzte Prüfer:

»Wo wollen Sie denn hin?«

»Na, ich wohne in der Talstraße in Berlin.«

Gut, dass die beiden drüber gesprochen haben, ansonsten hätte die Prüfungsfahrt wohl eher drei Stunden gedauert. Aber so bestand ViscaBarca die Prüfung zum Glück mit Bravour.

IN EIGENER SACHE

Oft finden sich unter unseren YouTube-Videos Kommentare, in denen behauptet wird, dass Fahrschüler in anderen Fahrschulen vermutlich durchgefallen wären, weil sie die Prüfungsstrecke noch nie gefahren sind.

An dieser Stelle vielleicht mal ein kleiner Hinweis: Die Vorfahrtsregeln und Verkehrszeichen sind in ganz Deutschland gleich. Es ist nicht wichtig, dass du jede Prüfungsstrecke vor deiner Prüfung gefahren bist, sondern dass du die Vorfahrt, Verkehrszeichen und das Verhalten im Straßenverkehr beherrschst. So kannst du überall fahren – und bestehen.

MYTHOS FAHRPRÜFER

Oft hören wir, dass der Prüfer einen mit Absicht durchfallen lässt. Aus 30 Jahren Erfahrung können wir sagen, dass an diesem Gerücht nichts dran ist. Der Prüfer weiß, dass du aufgeregt bist. Du musst nichts besonders schön machen, sondern einfach nur verkehrsgerecht fahren.

Der Prüfer schaut dir nicht 45 Minuten auf die Hände, sondern nur in Situationen, wo es drauf ankommt, z. B. beim Auffahren auf die Autobahn. Auch wenn der Prüfer etwas aufschreibt, muss das nichts Negatives bedeuten, er kann sich auch positive Dinge notieren oder einfach nur seinen Einkaufszettel fertig machen. Der Prüfer ist – wie du auch – nur ein Mensch.

TIPPS ZUM VERHALTEN GEGENÜBER DEM PRÜFER

- » Basecap während der Praxisprüfung ist uncool.
- » Fragen zu stellen ist erlaubt.
- » Wenn der Fahrlehrer mit dem Prüfer über Gott und die Welt redet, beteilige dich nicht aktiv am Gespräch, da dieses Gespräch meist deiner Beruhigung dient.
- » Nicht ans Handy gehen!
- » Nicht neunmalklug daherreden, speziell wenn der Prüfer sich nicht anschnallt. Der Prüfer ist alt, satt und mündig. Schnallt er sich an, ist es ok, schnallt er sich nicht an, sagen wir nichts.
- » Auf Körperhygiene achten.
- » Nicht wie der letzte Lump zur Prüfung kommen.
- » Nicht wie eine Kuh Kaugummi kauen.
- » Keine politischen Gespräche während der Prüfungsfahrt – die volle Konzentration gilt dem Straßenverkehr, lass dich nicht ablenken.

FÜR SCHÜLER, DIE NICHT GENAU WISSEN,
WELCHEN FAHRSTREIFEN SIE WÄHLEN SOLLEN:

DER NATÜRLICHE LEBENSRAUM EINES FAHRSCHÜLERS IST DER RECHTE FAHRSTREIFEN.

– KAPITEL 35 –

Die verflixte Ampel

BREMSEN ODER FAHREN?

Manchmal hospitieren unsere Fahranfänger bei einem anderen Schüler. Wir mögen das, weil der Lerneffekt doppelt funktioniert: Jeder lernt von jedem.

Bei einer Fahrstunde saß zum Beispiel Timur am Steuer, während ihm Gymnasialschülerin Nadine über die Schulter schaute. Timur fuhr auf eine Baustelle mit Ampel zu. Aber anstatt hinter den bereits wartenden Autos zum Stehen zu kommen, setzte Timur den Blinker und fuhr links an der wartenden Kolonne vorbei.

Nachdem der Fahrlehrer eine Vollbremsung hinlegen musste, damit Timur nicht in den Gegenverkehr rauschte, stellte sich heraus, dass er die Ampel einfach nicht gesehen hatte und glaubte, er müsste an parkenden Fahrzeugen vorbeifahren.

Für die nächste Fahrstunde tauschten Nadine und Timur die Plätze. Keine fünf Minuten später rollte der Fahrschulwagen erneut auf eine Ampelanlage zu. Gute 150 Meter vor der Ampel stand ein Fahrzeug am rechten Fahrbahnrand. Und Nadine? Die reihte sich hinter dem parkenden Fahrzeug ein und wartete und wartete und wartete.

»Was stimmt denn mit dem nicht?«, fragte Nadine irgendwann ratlos. »Langsam könnte er doch mal fahren!«

Nachdem wir minutenlang auf der linken Seite von einem Fahrzeug nach dem anderen überholt wurden, fiel der Groschen. Während der eine Schüler die Ampel übersieht, ist bei dem anderen eine vorhanden, wo gar keine ist.

Die erste rote Ampel wurde 1914 in Cleveland/Ohio in den USA errichtet. Und: Das Warten vor roten Ampeln kostet uns einiges an Lebenszeit. Hochgerechnet sind das ganze zwei Wochen! Wer regelmäßig Auto fährt, wartet sogar noch länger, nämlich zwei Jahre und sechs Monate.

GAS GEBEN ODER BREMSEN?

Jeder, der schon mal auf eine gerade umschaltende Ampel zugefahren ist, kennt das Problem. Eben leuchtete das Licht noch in sattem Grün, da springt es mit einem Mal auf Gelb und man gerät in Panik: Gas geben oder bremsen? Man drückt den Fuß aufs Gaspedal und saust erst bei Dunkelrot über die Kreuzung. **Gefährlich!**

ALS ANHALTSPUNKT KANNST DU DIR DIE PFEILMARKIERUNGEN AUF DER FAHRBAHN NEHMEN. MEIST HAST DU DREI PFEILE VOR EINER AMPEL. BIST DU BEIM DRITTEN ODER ZWEITEN PFEIL, HÄLTST DU AN. BIST DU BEIM ERSTEN PFEIL DIREKT VOR DER AMPEL, WENN SIE AUF ORANGE SCHALTET, SOLLTEST DU AUF JEDEN FALL GAS GEBEN.

WIE LANGE BETRÄGT DIE GELBPHASE?

» Bei einer Höchstgeschwindigkeit von 50 km/h beträgt die Gelbphase in der Regel drei Sekunden.
» Bei einer Höchstgeschwindigkeit von 60 km/h beträgt die Gelbphase in der Regel vier Sekunden.
» Bei einer Höchstgeschwindigkeit von 70 km/h beträgt die Gelbphase in der Regel fünf Sekunden.

DIE VIER PHASEN EINER AMPELSCHALTUNG SIND IMMER GLEICH:

1 Rot (Anhalten)
2 Rot-Gelb (Auf die Weiterfahrt vorbereiten)
3 Grün (Losfahren)
4 Gelb (Gleich wirds rot)

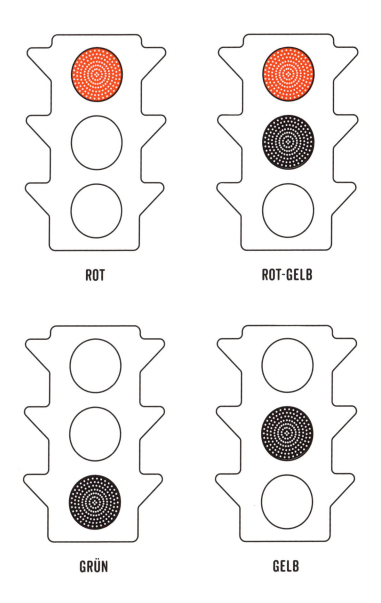

– KAPITEL 36 –

Wenn eineiige Zwillinge GLEICHZEITIG DIE FAHRAUSBILDUNG ABLEGEN

Wenn berühmte eineiige Zwillinge sich zur Fahrausbildung anmelden, ist das schon etwas Besonderes. Besonders war auch, dass bei den beiden die Kompetenzen klar verteilt waren. Während der eine Zwilling in Sachen Theorie ziemlich fit war, hatte der andere deutlich mehr auf dem Kasten, was die Praxis anging.

Erst lange, nachdem die Zwillinge mit ihren Führerscheinen in der Tasche das FischerDorf verlassen hatten, fiel uns auf: Beide hatten ein und denselben Fahrlehrer, die theoretische und praktische Prüfung absolvierten die Zwillinge aber jeweils an unterschiedlichen Tagen. Fehlerpunkte in der Theorie? Beide 0. Praxisprüfung? Beide mit Bravour bestanden.

Etwas stutzig machte uns im Nachhinein, dass die Zwillinge zu ihren theoretischen und praktischen Prüfungen im gleichen Outfit antraten: einem braunen Rollkragenpullover, der ausgerechnet den Hals bedeckte, an dem bei einem ein Leberfleck prangte – das einzige Merkmal, an dem man sie unterscheiden konnte.

Um ehrlich zu sein, wissen wir bis heute nicht, wer von den beiden welche Prüfung absolviert hat. Aber denken können wir es uns schon …

PRAXISPRÜFUNG

» Erzähl niemandem, wann du die Prüfung hast. Das erhöht nur den Druck.
» Mach nichts anders als in deinen Fahrstunden.
» Komm nicht mit leerem Magen zur Prüfung.
» Sei freundlich zum Prüfer.
» Schalte dein Handy aus.

– KAPITEL 37 –

Jasi und das Rückwärts-Einparken

JASI MACHT PRÜFUNG

Häme von Passanten, Stress mit hupenden Rivalen und wenn es ganz schlecht läuft sogar eine Schramme im Lack: Das Einparken gehört heutzutage zum Alltagskampf oder -krampf eines jeden Autofahrers. Logisch, dass das Manöver auch in den Fahrstunden geübt wird – das Parken muss am Ende bei den Grundfahraufgaben in der praktischen Prüfung unter Beweis gestellt werden.

Gibt der Fahrlehrer keine klare Anweisung, muss der Schüler die Parklücke selbst wählen – und in 99,9 Prozent der Fälle kann man davon ausgehen, dass er sich die schwierigste, engste, unübersichtlichste und komplizierteste Parklücke auf dem ganzen Parkplatz aussucht – so wie Jasi.

»Leicht kann doch jeder!«

Denn obwohl gefühlte 1000 Parkplätze nebeneinander frei waren, wollte sie ihr Können ausgerechnet zwischen den zwei einzigen auf dem Parkplatz abgestellten Fahrzeugen unter Beweis stellen. Zu allem Überfluss standen die beiden Fahrzeuginhaber auch noch neben ihren Autos und unterhielten sich. Als Jasi zum Rückwärtseinparken ansetzte, unterbrachen die Männer ihr Gespräch und widmeten sich stattdessen voll und ganz der Bewunderung von Jasis Fahrkünsten.

»Müssen die mich denn jetzt auch noch beobachten?«, fragte eine sichtlich genervte Jasi.

»Na, du hast dir die Parklücke doch selbst ausgesucht!«, antwortete Fahrlehrer Udo schmunzelnd.

Fünf Versuche später stand das Fahrschulfahrzeug schließlich exakt in der Parklücke – trotz der beiden Schaulustigen, die die Leistung mit Beifall quittierten.

»Jasi, warum hast du dir denn eigentlich genau diese Parklücke ausgesucht?«, wollte Udo im Anschluss wissen.

»Leicht kann doch jeder!«

EINPARKEN

Einparken ist auch für viele erfahrene Autofahrer eine knifflige Situation. Hat man endlich eine Parklücke gefunden, ergibt sich das nächste Problem: Wie kann ich richtig einparken?

VERHALTEN AUF DEM PARKPLATZ
» Parkplätze werden durch Hinweisschilder angekündigt.
» Fahre mit einer Schrittgeschwindigkeit von vier bis sieben km/h auf dem Parkplatz.
» Achte auf Fußgänger.

WAS DIE »FISCHGRÄTE« AUF DEM AUTOBAHNPARKPLATZ BEDEUTET
Betrachtet man Parkplätze von oben, sind viele wie eine Fischgräte aufgebaut. So ist man gezwungen, vorwärts einzuparken und kann beim Ausparken nicht in die falsche Richtung fahren.

FÜR SCHÜLER, DIE HALT- UND PARKVERBOT VERWECHSELN:

BEIM X DARFST DU NIX (HALTVERBOT).

– KAPITEL 38 –

Heizung
»AUF AFRIKA«

Fahrprüfer sind auch nur Menschen. Einer, der regelmäßig mit unseren Fahrschülern unterwegs war, hatte dabei eine besonders interessante Eigenart. Scheinbar war der Herr dauermüde. Vor allem konnte man diese ständige Müdigkeit mit der richtigen Taktik sogar noch auf die Spitze treiben.

Wenn klar war, dass Herr Dauermüde im hinteren Teil des Wagens sitzen und die Prüfung vornehmen würde, ließen wir die Fensterscheiben des Autos geschlossen, schalteten die Klimaanlage aus und drehten die Heizung »auf Afrika«.

Es dauerte keine fünf Minuten, bis der Prüfer von der Rückbank aus ins Reich der Träume verschwunden war. Anschließend ließ man den Fahrschüler 20 Minuten fahren und weckte dann den dösenden Prüfer wieder, der einen schnurstracks in Richtung DEKRA zurücklotste.

MÜDIGKEIT AM STEUER

Auch am Steuer kann man schon mal müde werden – insbesondere auf langen Autobahnfahrten. Dann sorgen das monotone Geradeausfahren und die Luft im Fahrzeug dafür, dass die Augen immer schwerer werden. Im schlimmsten Fall nickt man kurz weg – der berühmt-berüchtigte Sekundenschlaf!

In neuen Fahrzeugen kontrolliert die Technik regelmäßig, ob man nicht nur körperlich, sondern auch geistig anwesend ist. Aber selbst dann schadet es nicht, wenn man Pausen einbaut, sich kurz die Beine vertritt und frische Luft schnappt.

— KAPITEL 39 —

Der tote Winkel ist längst nicht tot, Altana

Wie der Zufall es will, kam Altana Banana mit dem Auto direkt neben einem Lkw zum Stehen. Der Fahrlehrer wollte die Gelegenheit nutzen, um an diesem schönen Beispiel den toten Winkel zu erklären.

»Der tote Winkel ist genau genommen gar kein toter Winkel, sondern ein blinder Fleck. Denn der Fahrer des Lkw kann einen in dem Moment nicht sehen.«

Altana Banana nickte und begann, in einer Tour die Hupe zu drücken, während er in Richtung Lkw schaute.

»Was machst du denn da?«

»Na, der sieht uns zwar nicht, aber vielleicht kann er uns ja hören!«

Der Fahrlehrer und Altana Banana schauten sich an und mussten beide herzlich lachen. Über den sogenannten Rampenspiegel hatte der Lkw-Fahrer das Auto nämlich längst entdeckt.

FAHRSTREIFENWECHSEL UND ÜBERHOLEN

» Schau in die Spiegel, um den rückwärtigen Verkehr zu beobachten und zu überprüfen, ob du überhaupt he-rausfahren kannst.

» Setz den Blinker, um den Vorgang anzukündigen.

» Der Schulterblick dient dem toten Winkel. Viele schauen nur durch die Heckscheibe, dabei verbirgt sich der tote Winkel links und rechts vom Fahrzeug – eben genau in dem Bereich, den du nicht über die Außenspiegel einsehen kannst.

– KAPITEL 40 –

Fahrschulersatzwagen ohne Pedalerie

HIMMELFAHRTSKOMMANDO

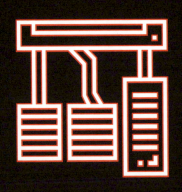

Fahrschulautos müssen, wie alle anderen Fahrzeuge auch, regelmäßig zur Wartung in die Werkstatt gebracht werden. Aber das heißt nicht, dass die Fahrschule in der Zeit Ferien macht. Um weiter zu unterrichten, bekommen wir ein voll ausgestattetes Ersatzfahrzeug gestellt.

Ein ganz gewöhnliches Prozedere. So gewöhnlich, dass einer unserer Fahrlehrer das Auto entgegennahm und schnurstracks zur nächsten Fahrstunde aufbrach. Am Treffpunkt mit dem Fahrschüler wurden die Plätze getauscht und los ging's.

Allerdings stellte sich schon nach wenigen Metern heraus, dass es sich bei dem angeblich voll ausgestatteten Fahrschulersatzfahrzeug doch nur um einen gewöhnlichen Pkw handelte – zum Glück, bevor der Fahrlehrer in die Eisen treten musste.

> **BLIND IM STRASSENVERKEHR**
>
> Auf deiner gewohnten Strecke kann sich durch Baustellen oder Hindernisse jeden Tag etwas ändern. Bleib immer wachsam!

– **KAPITEL 41** –

Würdest du heute noch

DIE PRÜFUNG BESTEHEN?

FÜHRERSCHEIN-
PRÜFUNG
HEY AARON!!!

All diejenigen, die hinter einem Fahrschulwagen fahren und dabei lauthals schimpfen und fluchen, weil es ihnen zu langsam geht, vergessen gerne, dass auch sie einmal Fahrschüler waren.

Ende 2019 meldete sich der Fernsehsender MDR bei uns und erkundigte sich, ob es möglich sei, im FischerDorf eine kleine Doku zu drehen. Alte Führerscheinhasen mit viel Fahrerfahrung sollten unter Beweis stellen, dass sie auch heute noch die theoretische und praktische Führerscheinprüfung bestehen würden. Wir hatten Lust und sagten spontan zu.

»*Jeder ist Fahrschüler, ein Leben lang.*«

Die zehn Autofahrer – Berufskraftfahrer, Tischler, Hausfrauen, Studenten und junge Rentner – waren vor dem Test natürlich der Meinung, sie würden super fahren und die Prüfung in jedem Fall schaffen. Aber als Fahrlehrer spürten wir bei ein paar der Kandidaten doch eine gewisse Unsicherheit. Manche waren sogar fast so aufgeregt und nervös wie vor ihrer ersten Fahrstunde. Aus gutem Grund. Einige Kandidaten übersahen gleich die erste Rechts-vor-links-Kreuzung.

Am Ende bestand nur einer der Kandidaten die Theorieprüfung und zwei die praktische Prüfung. Alle anderen fielen durch.

Mit diesem Ergebnis hatte niemand so richtig gerechnet. Aber wie sagen wir immer so schön? Jeder ist Fahrschüler, ein Leben lang.

So wie Aaron vom YouTube-Kanal Hey Aaron!!!, der sich Ende 2020 bei uns auch noch mal dem Experiment Führerscheintest unterzog. Das Ergebnis könnt ihr hier im Video sehen. Ein riesiger Spaß für Fahrlehrer und Prüfer.

NOCH MEHR PRAKTISCHE TIPPS

Nicht nur Autos mit ihren Fahrerassistenzsystemen lernen dazu – auch beim Autofahren ist lebenslanges Lernen wichtig. Das heißt, dass du in regelmäßigen Abständen das bereits gelernte Wissen üben und wiederholen solltest. Deswegen haben wir einen Videokurs zu allen Themen im Straßenverkehr erstellt. Der **FÜHRERSCHEIN GURU** gibt dir praktische Tipps und echte Handlungsempfehlungen. Damit bleibst du auch bei den aktuellen Änderungen der Verkehrsregeln immer up to date. Mit dem Rabattcode fischeracademy20 erhältst du 20 % Rabatt.
Weitere Infos: *www.führerschein-guru.de*

ECHTER HELFER:
DER XXL-VIDEOKURS

FÜR SCHÜLER, DIE GESCHWINDIGKEITEN FALSCH EINSCHÄTZEN:

ZÜGIG AUF DER STRECKE, LANGSAM UM DIE ECKE, RÜCKWÄRTS WIE 'NE SCHNECKE.

– KAPITEL 42 –

Die Fahrlehrer
MACHEN'S NOCH MAL

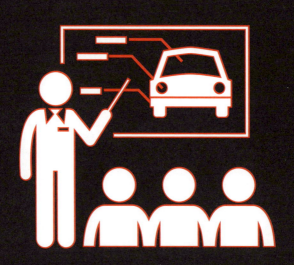

Wie viele Fahrstunden unser Fahrlehrer Marco mittlerweile auf dem Beifahrersitz mitgemacht hat? Schwer zu sagen. Seine eigene Pkw-Führerscheinprüfung war auf jeden Fall 30 Jahre her, als Marco sich für eines unserer Videos noch mal in die Prüfungssituation begab.

»Wird kein Problem sein«, tönte Marco vor der Prüfung. »Damit es wenigstens ein bisschen spannend wird, müsst ihr mir zumindest ein Auge zubinden!«

Tatsächlich sollte Marco recht behalten. Technikfragen zu Beginn der Prüfung? Kein Problem. Die ersten Meter auf der Prüfungsstrecke? Genau wie die restlichen: kein Problem.

Marco ließ sich auch nicht von mir aus der Ruhe bringen, als ich ihm nach und nach Geschichten über sein Leben aus der Nase zog und Marco auch über seinen Job als Fahrlehrer aus dem Nähkästchen plauderte. Über seine Vergangenheit als Koch bei der Bundeswehr oder Unfälle mit Fahrschülern. Vorbildlich!

Übrigens war Marco nicht der Einzige von unseren Fahrlehrern, der sich mit etwas Abstand noch mal der Prüfung stellte. Mit Udo ging es zum Beispiel in den Drive-in, wo er deutlich überforderter als im Straßenverkehr war. Und Nancy fuhr während ihrer Prüfung, bei der HeyMoritz in die Rolle des Prüfers schlüpfte, sogar bis nach Köln.

PRÜFUNGSFAHRT MIT MARCO

PRÜFUNGSFAHRT MIT RONNY

Wer Lust hat, sich die Prüfungsfahrten unserer Fahrlehrer anzugucken, der checkt am besten die QR-Codes!

PRÜFUNGSFAHRT MIT NANCY

PRÜFUNGSFAHRT MIT MIKE

— **KAPITEL 43** —

Wenn's im Kreisel kracht
MIT DENISE MSKI

BEGLEITE DENISE BEI IHRER PRÜFUNG!

Kaum zu glauben, aber wahr: Ab und zu passieren auch mit Fahrschulfahrzeugen echte Unfälle. In der 30-jährigen Geschichte unserer Fahrschule sind Unfälle selten gewesen und wenn, dann waren es Schäden am Fahrzeug, weil uns irgendwer hintendrauf gefahren ist. Aber was so gut wie gar nicht vorkommt, ist, dass wir mit Fahrschülern als Ersthelfer an einem Unfallort sind.

Es war die 15. Fahrstunde, die Fahrlehrer Marco mit Denise hatte. Es war ein früher Morgen. Reif und Tau auf der Fahrbahn. Sie fuhren mit dem Fahrschulfahrzeug den berühmt berüchtigten Omega-Kreisel in Gera: eine sehr lang gezogene konfuse und durchaus gefährliche kurvenreiche Strecke. Am Ende des Kreisels, eine besonders unübersichtliche Stelle, sehen sie das Dilemma: Eine vielleicht 40-jährige VW-Polo-Fahrerin fuhr mit unangemessener Kurvengeschwindigkeit, drehte sich, kollidierte mit der Leitplanke und kam entgegengesetzt zur Fahrtrichtung auf dem linken Fahrstreifen zum Stehen. Ein nachfolgender, vielleicht 45-jähriger Transporterfahrer krachte frontal auf den Polo.

Marco schwante Böses: Ein Verkehrsunfall inklusive Verletzter und mit im Auto eine Fahrschülerin ohne jegliche Erfahrung? Die absolute Katastrophe. Aber Denise belehrte ihn eines Besseren. Anstatt Panik zu bekommen, blieb sie cool, kam hinter den Unfallfahrzeugen zum Stehen, schaltete die Warnblinkanlage an und sagte: »So, da müssen wir jetzt helfen!«

Zum Glück gab es keine Verletzten. Das Warndreieck der Polo-Fahrerin war kaputt und nicht zu verwenden. Denise zögerte nicht lange, öffnete den Kofferraum vom Fahrschulfahrzeug, nahm unser Warndreieck heraus, baute es auf und sicherte ohne weitere Anweisung den Unfallort. Während Marco die 112 rief, nahm Denise die beiden sichtlich unter Schock stehenden Unfallbeteiligten von der Fahrbahn und beruhigte sie.

Am Nachmittag riefen beide Unfallbeteiligten in unserer Fahrschule an, entschuldigten sich für ihre nervliche Anspannung und den Schock und bedankten sich bei Denise und Marco.

DAS GRUNDPRINZIP DER ERSTEN HILFE

Ca. 2,5 Millionen Verkehrsunfälle passieren jedes Jahr in Deutschland. Weißt du, wie du dich als Ersthelfer am Unfallort verhalten musst? Laut Strafgesetzbuch ist jeder dazu verpflichtet, Erste Hilfe zu leisten. Wer etwa bei Verkehrsunfällen nicht als Ersthelfer tätig wird, obwohl es notwendig und zumutbar ist, muss mit einer Geldstrafe rechnen – oder sogar mit einer Freiheitsstrafe von bis zu einem Jahr.

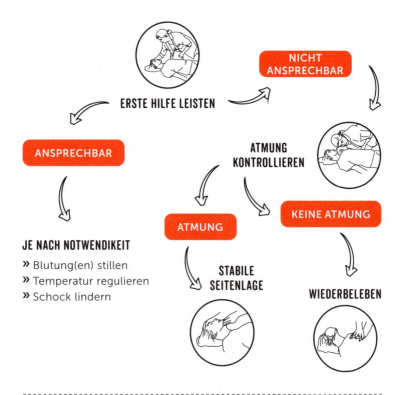

FÜR SCHÜLER, DIE IN ENGEN STRASSEN
IMMER ZU SCHNELL FAHREN:

IST DIE STRASSE SCHMAL UND KLEIN, MUSST DU IN DEN ERSTEN REIN.

— KAPITEL 44 —

Jellinas Aufregung
EINFACH WEGGESCHNIPST

PRÜFUNGSANGST ÜBERWINDEN

Angst und Versagen spielen für viele Fahrschüler eine wesentliche Rolle. Bei uns im Team haben wir, für ganz harte Fälle, eine Psychologin beschäftigt, die tiefsitzende Ängste unserer Fahrschüler wegmeditiert.

Das Thema kennen viele Schüler und Studenten, Bewerber im Vorstellungsgespräch und eben auch Fahrschüler bei der Fahrausbildung. Aufregung bei den Fahrstunden und Prüfungsangst sind ein großes Handicap, das manche ein Leben lang begleitet und in extremen Fällen sogar blockieren kann.

Vielleicht kennst du die gleichen Symptome wie unsere Fahrschülerin Jellina. Sie hatte pünktlich zu jeder neuen Fahrstunde mit Herzrasen, Übelkeit, Schwindelgefühlen, einem Kloß im Hals, Hitzeflecken und feuchten Händen zu kämpfen. Sie zitterte wie Espenlaub und konnte nicht mehr klar denken.

Besonders gut ließ sich das beobachten, wenn Jellina an den einfachsten Stellen im Straßenverkehr die unmöglichsten Handlungen vollzog. Einfach mal bei Rot über die Ampel, trotz Stoppschild mit Vollgas in die Kreuzung, nach links schauen und dann nach rechts abbiegen. Sie fuhr ohne erkennbaren Grund wie ein Kamikaze in den Gegenverkehr oder wich Radfahrern nicht aus.

Die schlechte Nachricht ist: Herausforderungen, Neues lernen und Prüfungen begleiten uns ein Leben lang und lassen sich nicht vermeiden. Immer wieder müssen wir uns den neuen Herausforderungen stellen, sie meistern und unser Können unter Beweis stellen.

Die gute Nachricht: Aufregung und Prüfungsangst lassen sich tatsächlich bewältigen. Von unserem Kollegen Christian Lottermann, Experte für Prüfungsangst, haben wir folgende Stressbewältigungstaktik gelernt: die »Schnippgummi-Strategie«.

Trage ein unauffälliges Gummiband ums Handgelenk. Wenn du merkst, dass Aufregung und Stress in dir aufsteigen, zieh kurz, aber kräftig am Gummiband und lass es dann los. Der Schmerz, der durchs Schnipsen des Gummibands entsteht, sendet einen Impuls an dein Gehirn, das deinen negativen Gedankengang unterbricht. Der Fahrstuhl in den Keller, die Angst wird sozusagen unterbrochen und du kannst rechtzeitig aussteigen. Innerlich sagst du »Stopp« und gehst nicht den üblichen Weg, sondern bleibst ruhig.

Als Jellina einen Tag vor ihrer praktischen Prüfung noch eine letzte Vorbereitungsstunde fuhr, erzählte unser Fahrlehrer Udo ihr von der Schnippgummi-Strategie. Jellina schnippte, was das Zeug hielt. Aber irgendwann wurde sie tatsächlich ruhiger und entspannter.

Am nächsten Tag war Jellina bei der Prüfungsfahrt aufgeregter denn je und zog so heftig, dass das Gummiband direkt an der ersten Kreuzung riss. Zum Glück hatte Udo noch mehrere von den »Stress-Abbau-Gummis« im Handschuhfach. Jellina schnippte und schnippte, meisterte die Prüfung und wir konnten selbst den Prüfer von der Strategie überzeugen.

MACH'S WIE JELLINA: ANGSTFREI DURCH DIE PRÜFUNG

FÜR SCHÜLER, DIE SICH IM STRASSENVERKEHR ZU LANGSAM FORTBEWEGEN:

SO WIE DU FÄHRST, WERDEN WIR AUF JEDEN FALL NICHT GEBLITZT. EHER MACHT EIN BILDHAUER EINE SKULPTUR IM VORBEIFAHREN.

— KAPITEL 45 —

Mach dich nicht kleiner als du bist
MIT NATHALIE_BW

NATHALIES ERSTE FAHRSTUNDE

Na, gehörst du auch zu denen, die ihr Licht unter den Scheffel stellen? In der Fahrausbildung sind es geschätzt ca. 65 % aller Fahrschüler, die sich und ihre eigenen Leistungen unterschätzen.

Klar, Leute, die sich selbst überschätzen, sind irgendwie unsympathisch und können ziemlich tief fallen. Angeber mag eben niemand. Aber mal im Ernst: Wer sich selbst zu sehr unterschätzt, nimmt sich in der Regel auch die Chance der freien Entfaltung und macht sich den Weg zur erfolgreichen Fahrerlaubnisprüfung viel schwerer.

Bescheidenheit wird uns von den Eltern mitgegeben. Weil Tiefstapeln eine sympathische Eigenschaft ist, wollen unsere Eltern gern, dass wir damit ausgestattet sind.

Das Problem: In der Führerscheinausbildung wird diese sympathische Eigenschaft vielen zum Verhängnis. Wer die eigenen Leistungen herunterspielt oder gar nicht erst erwähnt, sorgt dafür, dass diese übersehen werden und in Vergessenheit geraten.

»Ich weiß nicht, ob ich das schaffe.«

Nathalie_bw von »Berlin Tag & Nacht«, eine wirklich sehr sympathische junge Frau, war in Bezug auf die Gruppendynamik ein echtes Alphatier und zog die ganze Gruppe im positiven Sinne mit. Aber in Bezug auf ihre eigene Fahrschulleistung war sie eher skeptisch und zurückhaltend. Wir erinnern uns an ein Gespräch mit ihr kurz vor einer Fahrstunde auf unserem Dorfplatz.

»Ich weiß nicht, ob ich das schaffe«, sagte Nathalie. »Ich hätte nie gedacht, dass es so schwer ist.« Eben diese typischen bescheidenen Sätze.

Aber natürlich wollen wir, dass alle Fahrschüler erfolgreich nach Hause fahren. Also fragten wir unseren Fahrlehrer Marco, wie er die Situation sah. Seine kurze und knappe Einschätzung: »Nathalie schafft das locker!«

Tatsächlich bestand Nathalie letztendlich beide Prüfungen beim ersten Mal. Aber dennoch ist von uns Fahrlehrern mitunter sehr viel Aufbauarbeit nötig, um die Untertreibungen im Hinblick auf die eigenen Leistungen auszubügeln.

TIPPS BEI GERINGEM SELBSTBEWUSSTSEIN

1. Dokumentiere und reflektiere deine Leistungen.
2. Nimm Lob für deine Leistung an.
3. Sprich über deine Erfolge.
4. Lerne, deine Stärken, Erfolge und Leistungen zu erkennen.

PRÜFUNGSANGST – UND WAS DU DAGEGEN TUN KANNST

SEI IMMER GUT VORBEREITET – SCHLECHTE VORBEREITUNG ERHÖHT DIE ANGST

Je besser du dich vorbereitet fühlst, desto sicherer trittst du in der Prüfung auf und die Wahrscheinlichkeit zu bestehen, wird entsprechend größer. Und klar, eine Fahrstunde kostet Geld; am Ende ist sie aber deutlich billiger als in der Prüfung durchzufallen und neben den zusätzlichen Prüfungsgebühren und Fahrstunden auch noch ein gemindertes Selbstwertgefühl mit sich herumzutragen.

GESTRESSTE FAHRSCHÜLER FALLEN DURCH

Die Prüfung sollte nicht in eine stressige Zeit fallen. Zum Beispiel solltest du davon absehen, deinen Führerschein während der Abiturprüfungen, bei denen du ohnehin schon stark unter Strom stehst, zu machen. Auch privater Stress mit den Eltern oder Freunden kann die Prüfungsangst verstärken.

ERWARTUNGSDRUCK VERRINGERN

Je weniger Leute von deiner Prüfung wissen, umso weniger Druck können sie mit gut gemeinten Tipps aufbauen. Viele Leute fühlen sich auch dazu berufen, dir ihre eigenen Horrorgeschichten von Prüfungen zu erzählen und schüren so nur deine Angst. Wenn du also überhaupt jemandem von der Prüfung erzählst, dann sollte das jemand sein, der dich motivieren und beruhigen kann.

PRÜFER SIND KEINE MONSTER

Es ist nicht im Interesse des Prüfers, möglichst viele Fahrschüler durchfallen zu lassen. Grüß den Prüfer vor der Prüfung freundlich und sag ihm ruhig, dass du sehr nervös bist. Viele Prüfer gehen auf ihre Prüflinge ein und wählen dann erst einmal eine ruhige Strecke zum Einfahren, bis sich die Anspannung löst.

ES GIBT SCHLIMMERES

Wer sich davor fürchtet, bei einer Prüfung durchzufallen, der sollte sich immer vergegenwärtigen, dass auch den Besten so etwas passieren kann. Jeder hat mal einen schlechten Tag. Durchzufallen bedeutet nicht, dass man es nicht kann, sondern zeigt nur, dass man ein Mensch ist. Beim nächsten Mal klappt es!

– KAPITEL 46 –

Die Grundfahr-
AUFGABEN

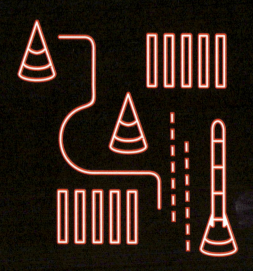

Insgesamt gibt es fünf Grundfahraufgaben, von denen du drei in der praktischen Prüfung durchführen musst. In unseren Videos, die wir für jede Grundfahraufgabe gedreht haben, erklären wir dir, was du beachten musst, und du bekommst wertvolle Tipps.

1 Gefahrenbremsung – so geht's!

2 Einparken längs (z. B. am Fahrbahnrand) meistern.

3 Check: Fahren nach rechts rückwärts unter Ausnutzung einer Einmündung, Kreuzung oder Einfahrt.

4 Leicht gemacht: Einparken quer (z. B. auf einem Parkplatz).

5 Richtig umkehren lernen.

– KAPITEL 47 –

Endlich Independent!
DIE FAHRPRÜFUNG

Schweißgebadet startete ich in meine zweite Fahrprüfung. Die erste war schon vor der ersten Kreuzung zu Ende gewesen – eine Katastrophe.

»Biegen Sie hier bitte links ab!«

»Wo?«

Ups, Einfahrt verpasst. Also noch mal.

Beim zweiten Mal zitterten meine Hände noch mehr als beim ersten Mal. Aber jetzt machte ich es richtig und es ging auf die Autobahnauffahrt in Richtung Dresden.

Auf der Autobahn fühle ich mich wohl. Denn dort muss ich nicht immer kuppeln. Kuppeln. Wer hat eigentlich so was Dämliches wie Kupplungen erfunden?

Ziemlich gelassen saß der Fahrlehrer auf dem Beifahrersitz. Das war ich gar nicht gewohnt. Ich grinste verlegen rüber. Irgendwie war es zu ruhig im Fahrschulauto. Ich fing an zu plaudern und vergaß dabei, wie nervös ich eigentlich war. An meinem Gespräch schien weder der Fahrlehrer noch der Prüfer interessiert zu sein.

»Bitte nehmen Sie die nächste Autobahnausfahrt!«

Die Ausfahrt meisterte ich gut, es ging wieder in die Stadt.

»Nun fahren wir ins Parkhaus«, kam von hinten das Kommando.

»Wieso? Müssen Sie was einkaufen?«

Stille, peinlich berührtes Lächeln meinerseits.

»Kleiner Scherz.«

Ich versuchte, irgendwie lustig und entspannt rüberzukommen, aber war doch der Einzige, der lachte.

Scheiße, wie komme ich jetzt an den Ticketautomaten ran? Wie peinlich wäre es bitte, wenn ich jetzt aus dem Fenster klettern müsste? Natürlich drückte ich aus Versehen und wegen der Aufregung nicht den Ticketknopf, sondern die Sprechtaste. Die Kommunikation mit dem Parkwächter erspare ich euch.

Noch an der Schranke wurde mir schlagartig bewusst, dass ich – sollte mir das heute gelingen – Parkhäuser in Zukunft meiden werde. Die sind nämlich noch dämlicher als Kupplungen!

Aber irgendwie bekam ich es dann mit dem Einparken im Parkhaus doch hin. Wir fuhren zurück. Die restlichen Ampeln, Vorfahrtsschilder, Fußgänger und Radfahrer waren kein Problem.

Bei der DEKRA stellte ich den Motor aus. Mein Puls schlug gefühlt 180. Ich war fertig. Im wahrsten Sinne des Wortes. Und dann musste ich auch noch erklären, wie ich die Prüfung einschätzte.

»Ähm, ich war unglaublich nervös, aber sonst passieren mir solche Fehler eigentlich nie.«

Und da musste ich dann doch selbst lachen.

Der Prüfer sprach die heiligen Worte und schien sich sicher.

»Gratulation, Sie haben die Prüfung bestanden!«

Meine Adrenalingießkanne im Kopf ging an, ich musste mich bremsen, damit ich dem Prüfer keinen Heiratsantrag machte. Endlich hatte ich es geschafft, ich durfte selbst, alleine, nur mit mir, ich ganz allein, ich durfte jetzt Auto fahren. Das war so geil. Ich war einfach nur glücklich und hätte die ganze Welt umarmen können …

So oder so ähnlich wie eben beschrieben fühlen sich alle Fahrschüler nach bestandener Fahrprüfung. Es ist eine emotionale Achterbahnfahrt. Aber für viele Jugendliche bedeutet der Führerschein einen großen Schritt in die Unabhängigkeit und ins Erwachsenwerden. Viele können es gar nicht erwarten, die Fahrerlaubnis endlich in den Händen zu halten. Denn das Autofahren ist mehr als nur von A nach B zu kommen, es ist ein Privileg. Ich darf Verantwortung übernehmen.

Kürzlich war in einer Studie zu lesen, dass das Autofahren und die Freiheit auf vier Rädern für Jugendliche an Wichtigkeit verloren haben. Die Prioritäten hätten sich verschoben. Mag sein, dass sich der Stellenwert von Fahrerlaubnis und selbst Auto zu fahren aufgrund der vielen Mobilitätsangebote verändert hat. Aber eins steht fest und wird immer bleiben: Selbst Auto zu fahren ist wie die Welt zu erobern und dabei eine verdammt geile Zeit zu haben.

UND JETZT SIND WIR GESPANNT: WAS WAR EUER ERSTES AUTO? WAS HABT IHR IN EURER FAHRSCHULZEIT AN STORYS UND GESCHICHTEN ERLEBT?

SCHREIBT ES UNS AN INFO@FISCHER-ACADEMY.DE!

– **KAPITEL 48** –
[RÜCKBLICK]

Die Geschichte vom Fischerdorf

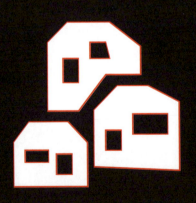

 30 JAHRE FISCHER ACADEMY

**DAS ERSTE FAHRSCHULAUTO:
EIN TRABANT 601 DE LUXE**

Eigentlich ist das FischerDorf eine Fahrschule wie jede andere – wobei die Betonung auf dem Wort »eigentlich« liegt. Denn ansonsten würde vermutlich dieses Buch gar nicht existieren. Vielleicht erzähle ich deshalb an dieser Stelle noch einmal die ganze Geschichte des FischerDorfs.

Gegründet wurde die Fahrschule schon 1990 in Gera, mit einem Trabant 601 de Luxe als Fahrschulwagen.

LIEBT VERRÜCKTE IDEEN: MIKE

1990, das heißt auch: Etwa ein Jahr nach dem Fall der Mauer, die Deutschland einige Jahrzehnte in Ost und West getrennt hatte. Ein Umstand, den man sich heute kaum noch vorstellen kann. Genauso wenig wie die Tatsache, dass man in der DDR nicht einfach einen Führerschein machen konnte. Gut, theoretisch möglich war das natürlich. Aber der Andrang war so groß, dass vom Zeitpunkt der Anmeldung bis zur eigentlichen Ausbildung gut acht Jahre vergingen! Das hatte auch politische Gründe, denn beim passenden Auto zum bestandenen Führerschein konnte man nur zwischen den Fahrzeugen der Firmen Trabant oder Wartburg wählen – und wartete im Anschluss gut zehn Jahren auf sein persönliches Exemplar.

Als ich meine Fahrschule im März 1990 eröffnete, hatten wir innerhalb von vier Wochen sagenhafte 4000 Anmeldungen in unserer Kartei. Damals gab es noch keine Computer, die uns geholfen hätten, die Bürokratie zu vereinfachen. Alles wurde von meiner Mutter, die meine erste Bürokollegin war, mit der Hand auf Karteikarten geschrieben und festgehalten. Wenn ich heute darüber nachdenke, muss ich sagen: Es war eine Zeit, da konnten wir die Kunden nicht verhindern.

»Unsere Kunden waren schlichtweg nicht geboren worden!«

Das größte Problem unserer Branche war allerdings der demografische Wandel. Einfach ausgedrückt: 1989 wurden in Gera um die 1500 Kinder geboren. Im Jahr nach dem Mauerfall waren es von jetzt auf gleich zwei Drittel weniger – also nur noch 500. Wir wussten also schon 1990, dass uns in 18 Jahren zwei von drei Kunden fehlen würden – und zwar nicht, weil wir schlecht arbeiteten, nein, unsere Kunden waren schlichtweg nicht geboren worden!

Jahrelang schwebte der demografische Wandel wie ein Damoklesschwert über unseren Köpfen. Uns war klar: Wenn uns nichts Neues einfällt, müssen wir ab 2008 nicht nur Fahrzeuge, Gebäude und Produktionsmittel zurückgeben, sondern obendrein auch noch mehr als die Hälfte der Mitarbeiter entlassen. Endzeitstimmung machte sich breit. Die Angst, dass es irgendwann vorbei sein soll, war damals kaum zu ertragen. Eine Lösung musste her – und um die zu finden, riefen wir 1999 die »Umdenkfabrik« ins Leben. Eine Ideenkultur für Neues.

Die Umdenkfabrik war eine Geisteshaltung, die durch eine internetbasierte Innovationsplattform, die das Ziel hatte, unabhängig von Raum und Zeit Veränderungsprozesse in allen Bereichen des Unternehmens zu fördern und umzusetzen, eingesetzt wurde.

Alle Beteiligten – egal ob Mitarbeiter, Kunden oder Lieferanten – hatten dabei einen eigenen Onlinezugang und konnten so am Veränderungsprozess des Unternehmens teilnehmen. Die Umdenkfabrik war unbürokratisch, schnell und einfach zu handhaben. So wurden neue Konzepte, andere Prozessabläufe, bessere Produkte und Dienstleistungen, frische Denkweisen zur Kostensenkung sowie neue Ideen für die Kundenbeziehungen im Unternehmen entwickelt.

»Wir lieben verrückte Ideen.«

In genau dieser Umdenkfabrik entstand dabei eine ganz besondere Vision. Die Idee war: Wenn die Fahrschüler in Gera wegen des demografischen Wandels nicht mehr ausreichen, um unsere Familien zu ernähren, müssen wir die Fahrschüler eben aus ganz Deutschland zu uns holen!

Zugegeben, eine ziemlich verrückte Idee – aber wir lieben verrückte Ideen. Das Kundenpotenzial steigerte sich so von möglichen 500 Fahrschülern aus Gera exponentiell auf eine Million Fahrschüler aus ganz Deutschland.

Wohlgemerkt: Es war nur eine Idee! Meine Erfahrung hat gezeigt: Ideen sind nichts wert, wenn du nicht in die Umsetzung kommst, weil du dich vom »Ja, aber!«-Teufel abhalten lässt. Deshalb hielten wir an unserer Idee fest und spannen sie noch weiter. Angenommen, die Fahrschüler kämen wirklich aus ganz Deutschland nach Gera: Wo würden sie schlafen und essen? Wo würden sie lernen und sich in ihrer Freizeit aufhalten?

Das war der Punkt, an dem aus der Idee mehr wurde. Wir kauften mitten im Stadtzentrum von Gera eine Bauruine, erwarben auch gleich die umliegenden Grundstücke mit und investierten eine Million Euro in den Umbau – schließlich brauchten wir Platz.

2010 eröffneten wir das FischerDorf. Deutschlands erstes Fahrschulinternat, in dem man in sieben Tagen den Pkw-Führerschein und in zehn Tagen den Lkw-Führerschein machen kann. Damit hatten wir zumindest die Voraussetzung dafür geschaffen, dass Schüler aus ganz Deutschland bei uns die Ausbildung und Prüfung absolvieren konnten.

Die Aufgabe, dem demografischen Wandel entgegenzutreten, war damit aber noch nicht vollendet. Denn was nützt ein tolles Fahrschulinternat mit Restaurant, Hotel und Schulungszentrum, wenn niemand es kennt? Die größte Herausforderung war daher unsere Transformation von einem regionalen zu einem nationalen Anbieter.

Wir mussten der Welt sagen, dass es uns in Gera gibt und dass man in kurzer Zeit die Führerscheinprüfung bei uns ablegen kann. Fernseh- und Radiowerbung war zu teuer. Die erste Lösung hieß damals Google AdWord. Über Anzeigen konnten wir uns bei Suchbegriffen wie »Führerschein schnell«, »Führerschein in 7 Tagen« oder »Ferienfahrschule« auf der ersten Seite der Suchmaschine platzieren und so auf uns aufmerksam machen.

Christian, unser Google-AdWord-Spezialist, hat früh gute Arbeit geleistet, sich in das Thema eingefuchst und ist bis heute nicht nur für unsere Technik zuständig, sondern wird von allen auch liebevoll »Mister Google« genannt.

— KAPITEL 49 —
[DER ANFANG VON ALLEM]

Kennst du SHIRIN DAVID & SIMON DESUE?

Mein ältester Sohn Lucas arbeitete mit Anfang 20 bei uns im FischerDorf als Kundenbetreuer – und hatte immer gute Ideen. Nur eine davon fand ich zu Beginn doch nicht ganz so gut. Eines Tages meinte er zu mir:

»Vater, wir müssen unbedingt Simon Desue zu uns in die Fahrschule holen. Der hat noch keinen Führerschein und könnte bei uns doch einen machen!«

»Simon wer?!«, fragte ich irritiert.

»Na, Simon Desue, der YouTuber mit den meisten Abonnenten in ganz Europa!«

Ich muss gestehen, dass ich zu der Zeit keine Ahnung hatte, wer oder was ein YouTuber oder ein Abonnent ist und wovon mein Sohn überhaupt sprach. Also schaute ich mir ein paar seiner Videos an und beschloss umgehend, dass mir so einer nicht ins Haus kommt. Hinterher, so meine Angst, würde der uns bei einem seiner Pranks noch die ganze Bude abfackeln!

Vielleicht lag es an meinem Alter, aber für mich war es nur schwer vorstellbar, dass uns jemand wie Simon Desue in Sachen Marketing weiterhelfen könnte. Dabei hätte ich es eigentlich besser wissen müssen, denn bereits 2012 war uns mit dem FischerDorf eine virale Werbeaktion auf Facebook gelungen, von der ich an dieser Stelle kurz erzählen will, weil sie im Grunde der Anfang von dem war, was das FischerDorf bis heute ausmacht.

Ich hatte irgendwo einen Vortrag über virales Marketing gehört und wollte versuchen, genau mit dieser Methode mehr Menschen auf das FischerDorf aufmerksam zu machen. Die Zutaten dafür waren ein Porsche, ein Ehemann, eine Ehefrau, eine Geliebte und ein Handy.

Den Porsche hatte ich selber, den Rest ließ ich meiner Fantasie entspringen und überlegte mir folgenden Text:

»*Hallo Lars, du armseliger Fremdgeher, die Sexfilme mit deiner blöden Schlampe, die ich auf deinem iPhone fand, sind absolut lächerlich. Unter www.lars-filme.de können nun alle Frauen deinen kleinen PIMMEL sehen. Deine (Bald) Ex-Frau Kerstin*

PS: Dank meiner Fahrschule habe ich jetzt den Führerschein und deinen Porsche.«

Anschließend ließ ich die Botschaft auf Folie drucken, beklebte die Rückseite meines Porsches damit, machte ein Foto davon und entfernte die Folie wieder. Das Foto lud ich bei Facebook hoch. Nach einer Stunde hatte das Bild mehr als 5000 Likes und wurde mehr als 1700 Mal geteilt.

Aber nicht nur das: Unter dem Bild wurde emotional diskutiert. Manche pflichteten Kerstin bei, andere fanden, dass sie zu weit gegangen war. Ein Benutzer gab sich sogar als Lars aus. Das Foto war ein echter Renner in den sozialen Netzwerken.

Vor allem dauerte es nicht lange, bis das erste Mal jemand neugierig wurde und die auf dem Foto angegebene Homepage besuchte. Der Clou: Auf der Seite fanden sich natürlich keine Sexfilme, sondern eine witzige Grafik, die auf die Internetseite der Fischer Academy weiterleitete.

In den Kommentaren wurde eifrig weiterdiskutiert. Das Foto sei eine Fälschung und das Ganze ein riesengroßer Fake, schrieb jemand. Das konnten manche natürlich nicht glauben und wollten sich selbst ein Bild davon machen, was an der Sache dran war. Es war nur eine Frage der Zeit, bis die Medien die Story aufgriffen und wir mit der Aktion in der überregionalen Presse stattfanden.

Wie gesagt: Als mein Sohn mit dem Vorschlag um die Ecke kam, dass Simon Desue seinen Führerschein bei uns im Fischer-Dorf machen könnte, hätte ich es besser wissen müssen. Zum Glück ließ Lucas sich nicht von meiner Skepsis gegenüber den YouTubern abhalten und blieb dran.

Er vermittelte den Kontakt zum Management und im Frühjahr 2015 kam Simon Desue tatsächlich nach Gera, um seinen Führerschein bei uns zu machen. Aber er kam nicht alleine: Er hatte auch Shirin David, Paola Maria, Anton und Chris, ehemals Bullshit TV, im Gepäck.

Es dauerte keinen Tag, bis sich herumsprach, welche Top-Stars der YouTube-Szene sich im FischerDorf rumtrieben. Ab den Moment wurden wir von Kindern und Jugendlichen belagert – nur ein Vorgeschmack auf das, was die nächsten Jahre folgen sollte.

Die Ostthüringer Zeitung schrieb daraufhin:

»Schon von Weitem hörte man am Mittwochabend vergangener Woche in Gera bei Hallo Pizza rund 300 kreischende Fans, die sich dicht an die Terrasse drängelten, um als Erste ein Autogramm oder Selfie von einem der fünf Fahrschüler zu erhaschen, die da Simon Desue, Shirin David, Paola Maria, Chris und Anton hießen. Doch warum gibt es wegen ihnen einen Lärmpegel wie einst auf einem Konzert von Tokio Hotel? Der Grund dafür war, dass die Fahrschüler Internetstars sind und als sogenannte YouTuber ihr Geld verdienen.«

Wir waren komplett überrascht davon, welches Aufsehen die unfreiwillige Autogrammstunde erregt hatte. Die Heinrichstraße, der Sitz unserer Fahrschule, war total überfüllt. Gar nicht so ungefährlich, denn unsere Fahrschule liegt direkt an einer Hauptverkehrsstraße zum Zentrum. Nur logisch, dass ich am nächsten Tag einen Anruf aus der Stadtverwaltung erhielt.

»Herr Fischer, was war denn gestern Nachmittag bei Ihnen los? Sie wissen doch, dass Sie eine Veranstaltung ab 50 Personen bei uns anmelden müssen.«

»Ja, das weiß ich doch«, antwortete ich. »Aber kennen Sie Shirin David?«

Stille am anderen Ende der Leitung.

»Nein.«

»Sehen Sie, ich kannte sie bis gestern auch nicht. Wie hätte ich denn wissen sollen, welche Auswirkung diese Veranstaltung haben wird?«

Und so blieb es bei einer Ermahnung der Beamtin, ein derartiges Fantreffen mit zu erwartendem Menschenauflauf beim nächsten Mal doch bitte anzumelden.

Simon, Shirin und die anderen Influencer hatten natürlich alle ihre Kameras dabei und berichteten auf ihren Kanälen von ihrer Woche im FischerDorf. Jede Fernsehsendung über unser Fahrschulinternat war kalter Kaffee gegen das, was passierte, als Shirin das Video der Fahrausbildung auf ihren Kanal hochlud. Zum zweiten Mal nach dem Fantreffen begriff ich so richtig, was eigentlich geschah.

Eine Woche lang lag der Server unserer Homepage, der auf diesen Ansturm alles andere als vorbereitet war, flach. Der Provider unserer Website rief mich aufgeregt an, um sich zu erkundigen, was bei uns los sei und warum wir plötzlich so viele Zugriffe hätten.

»Kennen Sie Shirin David?«, fragte ich auch ihn.

Er verneinte, aber ab dem Moment konnten wir sicher sein, dass Werbung für unser Fahrschulinternat sehr gut über die Kanäle der Influencer lief. Heute, im Jahr 2021, wundert sich niemand mehr über derartige Reichweiten und den Einfluss von

Influencern. Damals war das für uns totales Neuland. Aber die Zusammenarbeit mit den Influencern führte dazu, dass unsere Bekanntheit national stieg und die Kosten von Google AdWord gesenkt werden konnte.

Irgendwann, es muss im Jahr 2013 gewesen sein, überlegten wir, ob es nicht sinnvoll sei, einen fahrschuleigenen YouTube-Kanal aufzubauen. Erstellt hatten wir ihn bereits, aber die Zahl der Abonnenten betrug gerade mal 111 – und die bekamen auf dem Kanal nichts zu sehen. Keine Videos, keine Kommentare, keine Interaktion. Aber wie auch? Keiner von uns hatte so richtig Ahnung vom Thema Social Media. Bis Nancy kam.

DEN VOLLEN DURCHBLICK: SIMON DESUE IM FÜHRERSCHEINMODUS

– **KAPITEL 50** –
[DIE EXPLOSION]

Und dann
KAM NANCY

 UNSER YOUTUBE-KANAL

Nancy ist ein absolutes Multitalent. Wenn man sie heute nach ihrem Job fragt, dann lautet die Antwort: Geschäftsführerin im FischerDorf. Davor war sie Organisationschefin im Büro – und ganz früher auch mal Fahrlehrerin.

Aber eben bei Weitem nicht nur das. Nancy hatte schon immer ein großes Interesse für alles rund ums Thema Social Media – und dementsprechend bereits früh einen richtigen Riecher dafür, welche Bedeutung das Ganze für unser Unternehmen haben würde.

»Die Kleene und der Lkw? Niemals!«

Aber vielleicht erzähle ich an dieser Stelle kurz die ganze Geschichte. Tatsächlich begegnete Nancy mir zum ersten Mal als Fahrschülerin im FischerDorf. Klein und zierlich absolvierte sie bei unserem Fahrlehrer Siggi alle Führerscheinklassen vom Motorrad über Pkw und Lkw bis hin zum Bus. Ich erinnere mich noch an eine schöne Story aus der Klasse der Berufskraftfahrer: Gestandene Männer, groß und kräftig – in Sachen Lkw fahren machte denen keiner was vor. Jedenfalls kam Siggi mit seinem 40 Tonnen schweren Fahrschul-Lkw inklusive Anhänger in die Fahrschule gefahren und rief: »Nancy, los geht's!«

Die angehenden Berufskraftfahrer, die gerade für ihre Theorieprüfung lernten, lächelten, weil alle glaubten, Siggi würde sich einen Scherz erlauben. Die Kleene und der Lkw? Niemals!

Nancy stieg ein und startete den Lkw, während Siggi sie aufforderte, eine Wendung zu vollziehen. Mit wenigen Rückwärtszügen und ohne mit der Wimper zu zucken drehte die kleine Nancy den Lkw-Zug cool und lässig wie ein alter Brummifahrer. Ich sehe heute noch die offenen Münder der alten Lkw-Haudegen vor mir, die nicht fassen konnten, wie eine so zierliche Person diesen großen Lkw derart unter Kontrolle haben konnte.

Noch während ihrer Führerscheinausbildung kam bei Nancy der Wunsch auf, Fahrlehrerin zu werden. Auch diese Hürde meisterte sie letztendlich mit Bravour. Ich spürte gleich ihre Begeisterung für die Firma.

Eines Tages kam sie tatsächlich zu mir und meinte: »Chef, ich will nicht mehr nur im Auto sitzen, ich möchte Verantwortung im Unternehmen!«

So kam es, dass Nancy die Organisation in der Fahrschule übernahm – von der Kursplanung und der Einteilung der Fahrlehrer bis hin zur Überwachung der Unterlagen und Dokumente. Schließlich wurde Nancy Geschäftsführerin.

Als wir beim Notar die Geschäftsführer-Urkunde unterzeichnen wollten, guckte Nancy mich kurz vor der finalen Unterschrift eindringlich an.

»Mike, weißt du eigentlich, dass ich schon ewig Fan der Fischer Academy bin und mich vor Jahren bereits als Lehrling bei euch beworben habe?«

Ich konnte mich beim besten Willen nicht daran erinnern.

»Glaub ich dir«, sagte Nancy und hielt mir zum Beweis ein Absageschreiben unter die Nase. Wirklich wahr: Unter dem letzten Satz »Wir melden uns wieder bei Ihnen« prangte meine Unterschrift.

»Auf die Meldung warte ich heute noch«, sagte Nancy trocken, aber nicht ohne Augenzwinkern.

Heute sorgt Nancy dafür, dass jede Woche ein Influencer, YouTube- oder Instagram-Star zu uns in die Fahrschule kommt. Sie ist das Bindeglied zwischen den Influencern und der Fahrschule. Tatsächlich haben wir derzeit so viele Anfragen, dass wir nicht alle bedienen können. Deshalb schaut Nancy sehr genau und recherchiert zu den Influencern, prüft die Qualität der Followerzahlen, die Interaktion und den Content.

Mit Beständigkeit und Akribie hat Nancy den YouTube-Kanal der Fischer Academy in den letzten Jahren immer weiter ausgebaut. Von 100 auf 1000 und schließlich 10 000 Abonnenten – täglich werden es dabei bis zu 200 mehr. Nancys großes Ziel, der Silberne Play Button von YouTube für 100 000 Abonnenten, ist schon erreicht.

Es ist ja ein ungeschriebenes Gesetz, dass über die Einnahmen, die man mit YouTube generiert, nicht gesprochen wird. Aber ich tue es jetzt trotzdem: Die Nachricht, die Nancy mir am 22.12.2017 schrieb, machte mich tatsächlich sprachlos. Im ersten Monat, in dem wir unseren YouTube-Kanal monetarisiert hatten, wurden sage und schreibe 108,37 Euro eingenommen!

Das Geschäftsmodel YouTube konnte ich damals, und vielleicht sogar bis heute, nicht verstehen.

Aber: Ich bin ein Freund der Bodenständigkeit. In der Euphorie der Ereignisse ermahne ich mich, immer daran zu denken, wo wir herkommen und wie wir angefangen haben. Damals, mit einem Trabant 601. Das hilft dabei, realistisch und in Demut zu bleiben.

DANKSAGUNG

Wir erinnern uns genau an den Tag, als Annely Tiedemann vom EMF Verlag anrief, um uns mitzuteilen, dass sie Interesse an einem Fahrschulbuch der etwas anderen Art habe. Wir konnten das kaum glauben. Welche Fahrschule hat schon ihr eigenes Buch?

Jetzt, mit dem fertigen Manuskript in den Händen, wissen wir, wie viel Arbeit in dieses Buchprojekt geflossen sind. Deshalb wollen wir danke sagen! An alle Storyprotagonisten und Fahrschüler der letzten 30 Jahre – mittlerweile mehr als 20 000!

Die vielen Influencer, die uns das Vertrauen geschenkt haben, bei uns im FischerDorf das Autofahren zu lernen. Ihr habt es erst möglich gemacht, dass wir uns von einem regionalen zu einem nationalen Fahrschulanbieter transformieren und damit unsere Arbeitsplätze erhalten konnten. Als wir einigen Influencern erzählten, dass dieses Buchprojekt entsteht, haben uns die meisten spontan und unkompliziert ihre Mithilfe am Projekt zugesagt. Danke auch dafür – und für die tollen Statements zu eurer Zeit im FischerDorf!

Vielen Dank an den EMF Verlag, besonders an Annely Tiedemann, Jean-Michel Fischer, Silvia Keller und den Vertrieb.

Ohne unsere Schreibstimme Jan Wehn wäre dieses Buch nicht so lesenswert geworden. Jan hat mit uns in vielen Telefonaten und Besuchen im FischerDorf eine starke Verbundenheit aufgebaut. Ein bisschen ist er dabei selbst zum Fahrlehrer geworden.

Wir sind stolz auf unser Team. Viele Storys des Buchs sind in Fahrschulfahrzeugen entstanden. Es ist immer wieder erfrischend, den Anekdoten der Fahrlehrerkollegen zu lauschen. Fahrlehrer zu sein, ist der geilste Beruf der Welt.

Wo auch immer du dich in der Fahrausbildung befindest, vielleicht bist du gerade dabei, die Theorie zu absolvieren oder fährst deine erste Sonderfahrt oder hast schon die Prüfung bestanden ... So oder so wünschen wir dir immer eine unfallfreie Fahrt.

Möge dir die Lust am Autofahren niemals verloren gehen – und denke daran: Ein Fahrschüler bleibt man ein Leben lang!

Man lernt niemals aus.

FEEDBACK DEINER YOUTUBE-STARS

»Natürlich war ich am Anfang aufgeregt als ich zu euch gefahren bin. Man hat natürlich ein bisschen Druck von der Familie und Freunden bekommen. Es hieß immer: ›In sieben Tagen den Führerschein machen – wie soll das gehen?‹ Aber ab dem Zeitpunkt, an dem ich bei euch angekommen bin und so familiär und herzlich von euch aufgenommen wurde, war mir klar, dass das kein Problem sein wird. Von der Dame, die uns das Essen gemacht hat, bis hin zum Chef – das ganze Team war einfach komplett familiär und sehr freundlich und herzlich. Ich hätte nie gedacht, dass es einem so einfach gemacht wird. Es war einfach eine sehr schöne Zeit und ich habe auch immer noch Kontakt zu den anderen Fahrschülern, mit denen ich da bei euch die Woche verbracht habe. Ich würde meinen Führerschein jedes Mal wieder bei euch machen und jedem empfehlen, genau das auch zu tun!« – **PhineasFifa**

»Mir hat es im FischerDorf sehr gefallen. Das fing schon bei der Atmosphäre an. Man fühlt sich sehr heimisch, obwohl es ja eigentlich ein fremder Ort ist. Aber dadurch, dass ihr so positiv, gut vorbereitet und cool drauf wart, hat es sich angefühlt, als ob man zu Hause wäre. Mir hat aber auch der Ablauf sehr gut gefallen. Vom Lernen über die Fahrstunden bis zum Essen lief alles total routiniert ab. Man wusste immer ganz genau, was man machen musste. Ich glaube, das bekommt man so nirgendwo anders. Genau so die Bindung zu den Fahrlehrern oder zu den anderen Fahrschülern, die auf so einem Niveau nirgendwo anders existiert.« – **mih**

»Ich habe meinen Aufenthalt bei der Fischer Academy geliebt! Klar, es flossen auch einige Tränchen, weil man das echt nicht unterschätzen darf, aber die Leute dort waren so lieb und wir sind innerhalb weniger Tage so zusammengewachsen, sodass selbst der Theorieunterricht total Spaß gemacht hat! Besonders werde ich die Fahrstunden bei meinem Lieblingsfahrlehrer Marco vermissen! Kann jedem Einzelnen die Fischer Acade-

my wirklich nur empfehlen ... hat irgendwie so was Familiäres. Würde dort jederzeit wieder meinen Führerschein machen.« – **Nathalie Bw**

»Ich hatte zwar nur Gutes gehört von der Fischer Academy. Aber mein eigener Aufenthalt hat das Ganze bestätigt. Ich habe mich super wohlgefühlt und würde jederzeit wieder meinen Führerschein dort machen! In 7 Tagen den Führerschein, besser ging's nicht.« – **Cediprod**

»Auch heute schwärme ich noch von meiner Zeit bei der Fischer Academy. Es fühlte sich an wie eine Klassenfahrt und es war sehr familiär. Ich hab so tolle Menschen kennengelernt und hätte nicht gedacht, dass die Theorie, wie Praxis so ein Spaß machen kann. Ich muss schon sagen, ich vermisse die Zeit. Es war eine tolle Erfahrung und für mich genau die richtige Art und Weise, meinen Führerschein zu machen.« – **Chameen**

»Es war die coolste und schönste Zeit! Wenn ich daran zurückdenke, vermisse ich es. Die Gruppe war einfach nett und die Lehrer einfach klasse. Tesla fahren war ein Traum und damit ein wunderbares Erlebnis. In dieser kurzen Zeit haben wir so effektiv gelernt und ich habe auch direkt bestanden. Danke für alles!« – **Diana June**

»Es hat viel Spaß gemacht & es fühlte sich an wie auf Klassenfahrt! War eine mega Zeit!« – **Dennis Bro**

»Wenn ich den Führerschein noch mal machen müsste, könnte ich mir niemals vorstellen, ihn woanders zu machen als bei der Fischer Academy. Und wenn ich das nicht zu 100 % ernst meinen würde, würde ich das auch nicht so sagen. Beste Fahrschule. No Joke!« – **Kyle Hoss**

»Ich habe mit frischen 18 Jahren meinen Führerschein an der Fisher Academy absolviert. Es war eine sehr schöne und spannende Zeit, in der ich viele Freundschaften schließen konnte. Ich war zu-

sammen mit meinem YouTube-Kollegen Kyle Hoss in der Fischer Academy und hatte anfangs Angst, dort zu übernachten. Aber als ich dann mein Zimmer sah und die anderen Fahrschüler kennengelernt habe, war ich begeistert und habe mich gefreut. Es war eine sehr lustige Klassenfahrt. Wir haben täglich mega viel Spaß beim Unterricht gehabt und haben oft zusammen in der Freizeit geredet und lustige Sachen unternommen. Es war nie langweilig. Die Theoriestunden waren oft lustig und abwechslungsreich. Die Fahrstunden waren zwar sehr intensiv, aber ich hatte den besten Fahrlehrer. Sein Name war Marco. Ich habe mich sehr schnell mit ihm angefreundet und hatte sehr viel Spaß beim Fahren, was man mir auch in den Videos der Fischer Academy ansieht. Ich hatte sehr viel Angst kurz vor der Theorieprüfung, dass ich nicht bestehen würde, habe aber überraschenderweise 0 Fehlerpunkte gehabt. Vor der Fahrprüfung hatte ich dann wieder Prüfungsangst, aber dank Marco konnte ich sie sicher und gut absolvieren. Als ich bestanden habe, ist mir ein riesen Stein vom Herzen gefallen und ich war überglücklich, meinen Führerschein in so kurzer Zeit bestanden zu haben. Rückblickend kann ich nur sagen, dass es eine sehr schöne Zeit für mich war, an die ich mich gerne erinnere!«
– *Miguel Pablo*

»Ich habe vor 3 Jahren bei der Fischer Academy meinen Führerschein innerhalb von 7 Tage gemacht und kann rückschauend sagen, dass es die beste Entscheidung war. Ich habe mich dort super aufgehoben gefühlt, da das ganze Team so super lieb ist und man sich direkt wie zu Hause fühlt. Ich hatte einen wirklich tollen Fahrlehrer und ich muss ehrlich sagen, ich kann richtig gut Auto fahren. Ich fühle mich total sicher im Straßenverkehr, die Regeln kann ich noch immer in und auswendig und ich glaube, dass ich nicht so fit wäre, wenn ich meinen Führerschein irgendwo anders gemacht hätte und dafür auch noch Monate gebraucht hätte. Auch wenn die 7 Tage wirklich anstrengend waren, hat es sich ausgezahlt. Für mich die beste Fahrschule! Menschlich top & sie bringen euch gut und vorbereitet zum Ziel.« – *Alexandra Melchior*

DAS FAHRSCHUL-UNIVERSUM | GLOSSAR

ABS

ABS steht für Antiblockiersystem, ein technisches System für mehr Sicherheit. Es sorgt für weniger Verschleiß auf der Lauffläche des Reifens. Beim Bremsen wird das Rad nicht blockiert, sondern die Bremsen werden kurzzeitig wieder gelöst. Dadurch bleibt das Fahrzeug lenkbar und der Reifen bekommt immer wieder neuen Grip, weil das Rad minimal weiterdreht, bevor sich der Gummi abreiben kann.

AIRBAG

Der Airbag gehört zum Insassenrückhaltesystem. Er schützt bei einem Unfall vor weiteren schweren Verletzungen. Bei einem Aufprall misst die Technik die Stärke und öffnet wenn nötig das Aufprallkissen.

ALKOHOL

Alkohol macht dick, krank und dumm und hat im Straßenverkehr nichts zu suchen. Für Fahranfänger in der Probezeit und bis einschließlich zum 21. Lebensjahr gelten 0,0 Promille. Beim Fahren unter Alkohol gibt es keinen Versicherungsschutz. Pro Stunde wird 0,1 Promille Alkohol abgebaut.

ALLRAD

Allrad bezeichnet den Antrieb auf allen vier Rädern, vor allem bei Geländewagen, SUV und 4x4. Damit hat man die beste Kontrolle des Fahrzeugs und einen perfekten Antrieb für Gelände.

AQUAPLANING

Aquaplaning entsteht bei viel Wasser und hoher Geschwindigkeit. Die Reifen schaffen es nicht, das Wasser ausreichend zu verdrängen, der Reifen schwimmt auf und das Fahrzeug ist nicht mehr lenkbar und abbremsbar. Abhilfe schafft man, indem man langsam fährt. Wenn es passiert, muss man sofort die Kupplung treten bzw. bei Automatikfahrzeugen den Wählhebel auf Stellung »N« bringen. Das Lenkrad gerade halten, denn mit eingeschlagenen Rädern passiert Folgendes: Die vorderen eingelenkten Räder kommen früher aus dem Aquaplaning heraus als die hinteren Räder und können so nicht mehr für Richtungsstabilität sorgen. Das Fahrzeug fährt in die eingeschlagene Richtung und dreht sich.

A-VERSTOSS

Ein A-Verstoß ist eine schwerwiegende Zuwiderhandlung im Straßenverkehr eines Fahranfängers in der Probezeit. In Folge wird ein Aufbauseminar angeordnet und die Probezeit verlängert sich auf insgesamt vier Jahre. A-Verstöße sind z. B. Überschreitung der zulässigen Höchstgeschwindigkeit um mehr als 20 km/h, ein Rotlichtverstoß und Fahren unter Alkohol- oder Drogeneinfluss.

BEGLEITETES FAHREN

Im begleiteten Fahren (BF17) kann der Führerschein mit 17 Jahren gemacht werden. Bereits mit 16,5 Jahren kann man sich in der Fahrschule anmelden. Die Theorieprüfung ist schon drei Monate vor Erreichen des Mindestalters (17 Jahre) möglich und auch die Praxisprüfung kann noch vor dem 17. Geburtstag abgelegt werden. Mit 17 Jahren erhält man das Dokument BF17, das nur in Deutschland und nur in Verbindung mit dem Personalausweis der Begleitpersonen gilt.

Die Begleitpersonen müssen mindestens 30 Jahre alt und seit mindestens fünf Jahren ununterbrochen im Besitz des Führerscheins sein. Außerdem dürfen sie nicht mehr als einen Punkt in Flensburg haben. Die Anzahl an Begleitpersonen ist unbegrenzt.

Die Vorteile des BF17 sind die Tipps durch die Begleitperson, man sammelt Erfahrung und ist sicherer, wenn man mit 18 Jahren alleine fährt.

B-VERSTOß

Ein B-Verstoß ist ein weniger schwerwiegender Verstoß während der Probezeit, z. B. Fahren trotz technischer Mängel am Fahrzeug, wie etwa abgefahrene Reifen.

DIESELMOTOR

Ein Dieselmotor ist ein Verbrennungsmotor. Sein Nutzwirkungsgrad liegt höher als beim Ottomotor (Benziner). Er kommt mit geringerer Drehzahl aus (also weniger Abgase), hat die Kraft früher als ein Benziner und auch noch eine höhere Verdichtung.

DROGEN

Im Grunde wie Alkohol, nur dass der Besitz zusätzlich noch strafbar ist. Es ist verboten, unter Drogeneinfluss ein Fahrzeug zu führen. Drogen sind sehr lange – bis zu einem Jahr – nachweisbar. Unter Drogeneinfluss nehmen die Blendempfindlichkeit und die Risikobereitschaft zu, das Reaktionsvermögen nimmt ab.

FAHRZEUGBRIEF

Der Fahrzeugbrief ist die Geburtsurkunde des Fahrzeugs. Er enthält den Namen des Inhabers sowie technische Daten. Bei Abzahlung des Fahrzeugs liegt der Fahrzeugbrief bei der Bank. Das Dokument sollte nicht während der Fahrt mitgeführt werden, sondern zu Hause bleiben.

FAHRZEUGSCHEIN

Der Fahrzeugschein muss während der Fahrt mitgeführt werden. Er enthält den Namen des Fahrzeuginhabers, technische Daten und die Angabe der nächsten fälligen Hauptuntersuchung.

FESTSTELLBREMSE

Die Feststellbremse wird auch Handbremse genannt und nur benutzt, wenn das Fahrzeug steht. Sie unterstützt das Anfahren am Berg und dient als Sicherung beim Parken. Beim Benutzen der Feststellbremse leuchtet kein Bremslicht auf.

FRONTANTRIEB

Frontantrieb bezeichnet den Vorderradantrieb in Verbindung mit einem Frontmotor. Die Vorteile sind, dass das Fahrzeug gezogen wird. Dadurch hat man auf glatter Fahrbahn eine bessere Kontrolle und es ist kostengünstiger.

FROSTSCHUTZMITTEL

Frostschutzmittel beugt Eisschäden vor, indem es den Gefrierpunkt des Wassers senkt, und ist im Winter für Motor und Scheibenwischsystem unabdinglich.

GEISTERFAHRER

Ein Geisterfahrer ist ein Falschfahrer, der auf einer Bundesautobahn oder einer Straße mit geteilten Richtungsfahrbahnen entgegen der vorgeschriebenen Fahrtrichtung fährt.

GRÜNPFEIL

Der grüne Ampelpfeil (Grünpfeil) ist rechts neben dem grünen Ampellicht angebracht und funktioniert elektronisch. Wenn dieser Pfeil aufleuchtet, kann man ohne anzuhalten nach rechts abbiegen. Dabei ist gewährleistet, dass andere Verkehrsteilnehmer, die du kreuzen oder schneiden würdest, Rot haben. Tipp: Grüner Pfeil hinter Glas, gib Gas! Der Grünpfeil gilt nur für Rechtsabbieger!

GRÜNPFEILSCHILD

Das Grünpfeilschild ist nicht zu verwechseln mit einem Grünpfeil. Es befindet sich an der Ampel rechts neben der Farbe Rot. Tipp: Grüner Pfeil auf Blech, hast du Pech! Aber was heißt das? Ein Grünpfeilschild gilt nur in Verbindung mit einer Ampel in Betrieb. Bei Lichtzeichen Rot wird zunächst an der Haltelinie angehalten. Nur als Rechtsabbieger und nur aus der rechten Spur darf nach einem Halt von ca. drei Sekunden und unter Beobachtung anderer Verkehrsteilnehmer, besonders des Querverkehrs, der Grün hat, und von Fußgängern und Radfahrern, ohne Gefährdung und Behinderung vorsichtig abgebogen werden. Das Grünpfeilschild dient dem Verkehrsfluss.

HALTELINIE

Eine Haltelinie ist eine auf der Fahrbahn gezogene Linie, die quer zur Fahrtrichtung vor einer Ampel oder dem VKZ 206 (Stoppschild) verläuft. Die Haltelinie bestimmt: »Hier halten«.

HECKANTRIEB

Heckantrieb bezeichnet den Antrieb auf der Hinterachse. Damit ist eine sportlichere Fahrweise wie in der Formel 1 möglich.

KAUGUMMI

Kaugummikauen unterstützt die Konzentration, weil es die Schläfen bewegt und dadurch die Durchblutung fördert. Außerdem hat man mit Kaugummi weniger Mundgeruch. Trotzdem ist ein Kaugummi bei der praktischen Prüfung eventuell ungeeignet.

KINDERSITZ

Kinder brauchen einen Kindersitz, weil sie kleiner als Erwachsene sind und der Sicherheitsgurt ihnen am Hals die Luft abschneiden würde. Für Kinder bis zum vollendeten zwölften Lebensjahr, die kleiner als 1,50 Meter sind, ist eine geprüfte Rückhalteeinrichtung vorgeschrieben. Am besten wird der Kindersitz hinter dem Beifahrersitz eingebaut.

KNOBLAUCH

Knoblauch ist sehr gesund und unterstützt bei einigen Speisekomponenten den Geschmack. Beim Autofahren ist der Geruch von Knoblauch ein No-Go, weil er unangenehm für die Mitfahrer ist.

KRAFTRAD

Ein Kraftrad ist ein zweirädriges Motorrad. Krafträder untergliedern sich in Kleinkrafträder, Leichtkrafträder und Elektrokrafträder. Beim Erwerb des Führerscheins Klasse B bekommt man die Fahrerlaubnis für ein Kleinkraftrad dazu.

LICHTHUPE

Die Lichthupe darf in Deutschland nur in zwei Fällen benutzt werden: Wenn man sich selbst oder andere gefährdet sieht oder wenn man außerhalb geschlossener Ortschaften überholen möchte (§5 Abs. 5 StVO).

NEBELSCHEINWERFER

Ein Nebelscheinwerfer ist nicht bei jedem Auto vorhanden. Man kann die Nebelscheinwerfer bei Regen, Nebel oder Schneefall einschalten.

NEBELSCHLUSSLEUCHTE

Die Nebelschlussleuchte muss bei jedem Kraftfahrzeug vorhanden sein. Eingeschaltet wird sie nur bei Nebelsichtweiten unter 50 Meter und nur bei maximal 50 km/h. Tipp: Außerhalb geschlossener Ortschaften stehen die Leitpfosten alle 50 Meter.

ÖLMESSSTAB

Mit dem Ölmessstab prüft man den Ölstand des Motors. Ist wenig Öl im Motor, entsteht ein Defekt. Das Öl schmiert, verdichtet, reinigt und kühlt – wenn es fehlt, fährt sich der Motor fest. Von Zeit zu Zeit wird vor Fahrtantritt mit dem Ölmessstab der Ölstand geprüft. Das geht so: Motor aus, Haube öffnen, Ölmessstab herausziehen, abwischen (reinigen), wieder hineinstecken, erneut herausziehen und anhand der Markierung ablesen.

PROBEZEIT

Die Fahrerlaubniserteilung beginnt mit einer zweijährigen Probezeit. Bei schwerwiegendem Verstoß im Straßenverkehr während der Probezeit wird die Probezeit um zwei Jahre auf insgesamt vier Jahre verlängert. Weiterhin wird eine Teilnahme an einem Aufbauseminar angeordnet.

QUERVERKEHR

Querverkehr bezeichnet an einer Kreuzung oder Einmündung den Verkehr, der von links und rechts kommt.

RETTUNGSGASSE

Eine Rettungsgasse muss dringend gebildet werden, wenn notwendig, damit Rettungswagen so schnell wie möglich zur Unfallstelle kommen. Bei zwei Fahrstreifen muss das linke Fahrzeug weit links und das rechte Fahrzeug weit rechts zum Halten kommen. Bei drei Fahrstreifen muss das Fahrzeug auf dem linken Fahrstreifen weit links, das auf der mittleren Spur weiter rechts und das Fahrzeug auf dem rechten Fahrstreifen weit rechts zum Halten kommen. Wer sich nicht daran hält, dem droht ein Bußgeld.

SCHULTERBLICK

Der Schulterblick überbrückt den toten Winkel, den man beim Abbiegen oder Fahrstreifenwechsel nicht einsehen kann. In der Reihenfolge vergewissert ihr euch: Innenspiegel, Außenspiegel, Blinker, Schulterblick. Tipp: Kinn auf Schulter.

SICHERHEITSABSTAND

Als Sicherheitsabstand bezeichnet man den Abstand zu anderen Verkehrsteilnehmern, der eingehalten wird, um sich und andere nicht zu gefährden. Außerhalb von geschlossenen Ortschaften liegt der Abstand bei zwei Sekunden vom halben Tacho, also der Strecke, die in zwei Sekunden gefahren wird. Das heißt bei 100 km/h = 50 Meter Abstand.

Abstand muss auch seitlich eingehalten werden. Zu parkenden Fahrzeugen muss er mindestens einen Meter und zu Fußgängern, Kraft- und Fahrrädern mindestens 1,5 bis 2 Meter betragen.

SICHTLINIE

Die Sichtlinie gibt es nur im Kopf und bedeutet, dass man sich so weit an die Kreuzung herantastet, bis man den Querverkehr einsehen kann.

SONDERFAHRTEN

Die besonderen Ausbildungsfahrten sind in der Führerscheinausbildung durch den Gesetzgeber Pflicht. Es gibt Überlandfahrten, Autobahnfahrten und Nachtfahrten, jeweils als zwei zusammenhängende Fahrstunden.

TRENNLINIE

Offiziell heißt die Trennlinie Fahrstreifenbegrenzung. Sie trennt zwei Fahrstreifen und darf nur in Gefahrensituationen be- oder überfahren werden.

TOTER WINKEL

Als toten Winkel bezeichnet man den Bereich, den man aus dem Fahrzeug heraus nicht einsehen kann. Abhilfe schafft der Schulterblick beim Abbiegen oder Fahrstreifenwechsel.

ÜBERHOLEN

Überholen darf man nur aus dem Sicherheitsabstand mit nötigem Seitenabstand und genügend Abstand nach hinten beim Wiedereinscheren. Eine Gefährdung muss dabei ausgeschlossen sein. Der Überholende muss mindestens 20 km/h schneller sein, dabei darf die zulässige Höchstgeschwindigkeit nicht überschritten werden. Grundsätzlich wird links überholt. Ausnahmen vom Linksüberholen gibt es nur in geschlossenen Ortschaften und beim Überholen von Schienenfahrzeugen. Schienenfahrzeuge in Einbahnstraßen dürfen rechts oder links überholt werden.

ÜBERSTEUERN

Das Übersteuern bezeichnet das Verhalten des Fahrzeugs in Kurven, wenn das Heck ausbricht, sich also nach außen drängt. Der Schräglaufwinkel ist dann an den Hinterrädern größer als bei den Vorderrädern.

UNTERSTEUERN

Das Untersteuern bezeichnet eine Fahrdynamik zum Einlenkverhalten. Der Lenkradwinkel wird umso größer, je schneller der Kurvenradius gefahren wird, das heißt, das Fahrzeug schiebt über die Vorderachse.

VIERTAKTMOTOR

Der Viertaktmotor hat vier Arbeitstakte: Ansaugen, Verdichten, Verbrennen, Ausstoßen.

VIGNETTE

Mit Vignette wird z. B. eine Autobahnvignette, also ein länderspezifischer Aufkleber als Nachweis der Bezahlung einer fälligen Maut bezeichnet. Die Vignette wird an der Frontscheibe, aber nicht im Sichtfeld des Fahrers angebracht.

VORBEIFAHREN

Vorbeifahren ist erlaubt, wenn ein anderes Fahrzeug freiwillig hält oder parkt. Wichtig: immer Verkehrsbeobachtung, Blinker setzen und jegliche Gefährdung ausschließen.

WARNBLINKLICHT

Das Warnblinklicht ist ein Warnzeichen, das jedes Auto haben muss. Es wird beim Abschleppen, Schleppen oder beim Liegenbleiben bei einem Defekt und bei einem Unfall oder Stau eingeschaltet.

ZÜNDKERZE

Die Zündkerze erzeugt im Motor im 3. Arbeitstakt, der Verbrennung bzw. dem Zünden des Kraftstoff-Luft-Gemischs, den nötigen Zündungsfunken zwischen den Elektroden.

Alle in diesem Buch veröffentlichten Aussagen und Ratschläge wurden von den Autoren und vom Verlag sorgfältig erwogen und geprüft. Eine Garantie kann jedoch nicht übernommen werden, ebenso ist die Haftung der Autoren bzw. des Verlags und seiner Beauftragten für Personen-, Sach- und Vermögensschäden ausgeschlossen.

Für die Inhalte der in dieser Publikation enthaltenen Links auf die Webseiten Dritter übernehmen wir keine Haftung, da wir uns diese nicht zu eigen machen, sondern lediglich auf deren Stand zum Zeitpunkt der Erstveröffentlichung verweisen.

Wir haben uns bemüht, alle Rechteinhaber ausfindig zu machen, verlagsüblich zu nennen und zu honorieren. Sollte uns dies im Einzelfall aufgrund der schlechten Quellenlage leider nicht möglich gewesen sein, werden wir begründete Ansprüche selbstverständlich erfüllen.

Die Ereignisse in diesem Buch sind größtenteils so geschehen, wie hier wiedergegeben. Für den dramatischen Effekt und aus Gründen des Personenschutzes sind jedoch einige Namen und Ereignisse so verfremdet worden, damit die darin handelnden Personen nicht erkennbar sind.

Bei der Verwendung im Unterricht ist auf dieses Buch hinzuweisen.
echtEMF ist eine Marke der Edition Michael Fischer

1. Auflage
Originalausgabe
© 2021 Edition Michael Fischer GmbH, Donnersbergstr. 7, 86859 Igling
Covergestaltung: Silvia Keller, unter Verwendung von Motiven
von ©Fischer Acedamy, ©SpicyTruffel/Shutterstock
Text: Jan Wehn
Redaktion: Marijke Leege-Topp
Bildnachweis: ©NikomMaelao Production/S. 11, ©Lana2016/S. 48, ©Leremy/S. 138,
©Pen-Is Production/S. 154, ©Eduard Radu/ S. 179; alle Grafiken via Shutterstock;
©Fischer Academy / Grafiken S. 11, 53;
©Fischer Academy / Fotos S. 16, 21, 37, 56, 67, 109, 158, 171, 175, 179, 181;
©Pia von Miller / Illustrationen S. 2, 33, 171
Layout/Satz: Silvia Keller
Gedruckt bei Polygraf Print, Čapajevova 44, 08001 Prešov, Slowakei

ISBN 978-3-7459-0504-5

www.emf-verlag.de